“十三五”国家重点出版物出版规划项目

上海出版资金项目
Shanghai Publishing Funds

中国古代
文明探源
•插图本•

The
ORIGIN
of
CHINESE
CIVILIZATION

洪荒岁月

李学勤•主编　　丁季华等•编著

上海科学技术文献出版社
Shanghai Scientific and Technological Literature Press

图书在版编目（CIP）数据

洪荒岁月 / 李学勤主编． —上海：上海科学技术文献出版社，2018
（中国古代文明探源：插图本）
ISBN 978-7-5439-7774-7

Ⅰ．①洪… Ⅱ．①李… Ⅲ．①文化起源（考古）—研究—中国 Ⅳ．① K871.04

中国版本图书馆 CIP 数据核字 (2018) 第 231221 号

“十三五”国家重点出版物出版规划项目
上海市新闻出版专项资金资助项目

选题策划：张 树
责任编辑：王倍倍 杨怡君
封面设计：樱 桃

洪 荒 岁 月
HONGHUANG SUIYUE
李学勤 主编 丁季华等 编著
出版发行：上海科学技术文献出版社
地 址：上海市长乐路 746 号
邮政编码：200040
经 销：全国新华书店
印 刷：常熟市人民印刷有限公司
开 本：787×1092 1/32
印 张：7.25
字 数：116 000
版 次：2019 年 1 月第 1 版 2019 年 1 月第 1 次印刷
书 号：ISBN 978-7-5439-7774-7
定 价：35.00 元
http://www.sstlp.com

目　录

序

《中国古代文明探源（插图本）》丛书（下面简称《探源》）是《中国古代文明起源》（下面简称《起源》）的修订本。

原版《起源》隶属于李学勤先生主编的《中国古代历史与文明》丛书，于2007年由上海科学技术文献出版社出版。《起源》旨在讨论中国文明起源的历史和逻辑，即从时间绵延和空间伸展两个向度，讨论中国在进入文明时代之前的文化生成机制及其原始状态。考虑到该书的可读性，在体例和写作方法上做了新的尝试，即全书由专题和主题板块连接而成。新版《探源》对此未作变动，仅增添多幅插图，并分四册装帧。

原版《起源》写作始于2002年，约在2005年完稿。彼时恰好"中华文明探源工程"正在进行中。所以《起源》仅在20世纪后半期的学术成果基础上创作而成。这次修订时，考虑到原作结构的完整性，在文字上也未作增删。有关中国文明起源研究以及探源工程的成果，在本序中略作介绍，以补修订本的不足。

中国传统文化和中华文明源远流长，素有中华文明史“上下五千年”之说。中国文明源头何在？文明如何起源和形成？一个世纪以来，史学界和考古学界有关研究者一直在“探源”路上摸索。如从时间节点和标志来衡量，中国文明起源研究可分为以下三个阶段：

1. 20世纪20年代至1982年研究阶段

重建中国古史体系，其中包括中国文明“探源”，其始点应定在“五四”新文化运动的大背景之中。高江涛先生认为，“20世纪20年代在新文化运动的洗礼下以顾颉刚为代表的‘古史辨派’摧毁了大一统的‘三皇五帝古史体系’，在科学与民主思想的影响下提出了以科学态度研究中国文明起源问题。科学态度要求重视地下发掘材料，考古学的作用凸显出来，于是就有了1928年安阳殷墟的发掘，就有了1930年郭沫若《中国古代社会研究》唯物史观的尝试。”[①] 这些并非是对中国文明起源的直接研究，但是提出了

① 高江涛：《新世纪以来中国文明起源与形成研究的回顾和反思》，《中原文化研究》，2013年第1期。

文明起源问题①，而这个问题的研究，必须仰仗考古资料。

1921年仰韶遗址被发现，尤其1926至1928年李济博士主持西阴村、殷墟的遗址发掘，标志着中国现代考古学在20世纪20年代诞生。现代考古学的诞生，推动了中国文明起源的研究。20世纪20年代曾流传着“中国文化西来说”，随着仰韶文化遗址和龙山文化遗址陆续发掘，此说渐次退隐。从30年代起，有关中国文明起源研究渐次展开。中国文明源头有一元说、二元说和三元说等。对此颇有影响的，有傅斯年的“夷夏东西说”，徐旭生的“三集团说”等。而郭沫若的《中国古代社会研究》，以崭新的理论研究中国古代文明和国家，对学术界研究中国文明起源起了引领作用。

20世纪50—70年代，我国新石器时代考古发掘，遍布黄河、长江流域、长城内外和边陲地区，数以千计的遗址被发现，其中中原地区最为密集。因此，不少学者认为中原地区是中国文明起源的中心，由此向四周拓展。

2. 1983—2000年研究阶段

这个研究阶段，是以夏鼐先生于1983年在日本所做

---

① 高江涛：《新世纪以来中国文明起源与形成研究的回顾和反思》，《中原文化研究》，2013年第1期。

的《中国文明的起源》报告为起点，也是中国文明起源研究的全面展开阶段。

夏先生的这个报告，后来收录在《中国文明的起源》专著中，1985 年出版。该报告首次对“文明”概念作了界定，阐明了它的科学含义，并指明对这个问题研究的路径。他说：

“现今史学界一般把‘文明’一词用来指一个社会已由氏族制度解体而进入有了国家的阶级社会的阶段。”他认为“城市”“文字”和“冶炼金属”是文明时代的标志，而“文明的这些标志中以文字最为重要”①。他又指出：

“我以为中国文明的起源问题，像别的古老文明的起源问题一样，也应该由考古学研究来解决。因为这一历史阶段正在文字萌芽和初创的时代。纵使有文字记载，也不一定能保存下来，所以这只好主要地依靠考古学的实物资料来佐证”②。

夏鼐先生是我国著名的考古学家，他研究中国文明起源的成果和论断，是中国文明探源征途中的一个里程碑，对以后的研究起着引领作用。在探源研究方面，著名的史

---

①② 夏鼐：《中国文明的起源》，文物出版社，1985 年，第 81—82 页。

学家、古文字专家李学勤先生在《中国古代文明起源》一书中，也有精辟的阐述。他说：

“近十几年来在中国，文明的起源也是学术界非常重视的题目，史学界和考古学界应用马克思主义历史观，进行了认真研究，发表了许多论作。这些新作的思想观点，与《中国古代社会研究》（郭沫若著）等早期作品相比，有着颇为显著的发展。”如何深入研究？他从加深理论探讨、强调考古学重要性、重视传说价值和文明起源多元性等四方面提出意见①。他认为：按马克思理论，阶级和国家是文明产生的标志。但是，要确定某个考古遗存是否是文明社会，还需要有若干要素来衡量，他提出的要素是：金属的使用、文字的产生、城市的出现、礼制的形成、贫富的分化和人牲人殉等方面，并对中国文明作了阐明②。

如何结合考古学研究历史？考古学如何与中国文明起源研究相结合？这不仅需要引入国外流行的理论工具，更重要的是考古学框架、理念应与时俱进、优化和提升。对此，著名的考古学家苏秉琦先生给出了系列答案。

苏先生毕生从事我国考古工作，成绩卓越。令人敬仰

①② 宫长为：《李学勤说先秦》，上海科学技术文献出版社，2011年，第12—24页。

的是，其在晚年仍尽心投入中国文明探源工作，奔波于各个考古发掘现场，出席各类学术研讨会，提出在学术界振聋发聩的系列观点和论断，如“满天星斗说”“多元一体说”“考古文化区系类型说”等。他的详细论述，汇集在《中国文明起源新探》等著作中。

在这个研究阶段中，可喜的是形成了研究中国文明起源的学术团队。他们分布在新石器考古发掘第一线、研究机构和高等学校。他们的研究成果，既有文明起源理论上的创新，又有考古学新成就在文明探源上的运用，在国内外学术界产生一定的影响。

3．2001—2015 年研究阶段

这个阶段的起点，是国家级“中华文明探源工程”启动，共有预研究阶段，探源工程一、二、三诸阶段。

预研究：2001—2003 年。以距今约 4500—3600 年时空范围，设置“古史传说和有关夏商时期的文献研究”“考古学文化谱系的研究年代测定”“聚落形态所反映的社会结构”等九个课题，由数十位学者专家参加，在完成课题研究的基础上，提出了由多学科结合的文明探源工程的实施方案①。

① 王巍、赵辉：《中华文明探源工程的主要收获》，《光明日报》，2010年12月23日，第012版《理论周刊》。

探源工程（一）：2004—2005年。该阶段通过多学科团队合作，进行多角度、多层次、全方位研究中原地区文明起源和形成。具体成果是：1. 在中原地区考古文化谱系的梳理和分期的基础上，对陶寺、王城岗、新砦、二里头等中心性遗址标本进行了精确的测定；2. 研究该地区在距今约4500—4100年间的气候变化。结果表明这些地区气候温暖湿润，适宜农耕；3. 运用自然科学相关学科和考古学相结合的方法，对上述四处遗存研究表明，该地区原始先民在农业、手工业和家畜饲养等方面都呈现着变化和进步，并掌握铸造青铜器技术；4. 对陶寺、新砦、二里头等遗址作聚落考古，对其反映的社会组织结构和王权有了新的认识①。

探源工程（二）：2006—2008年。探源工程的技术路线同第一个阶段，即多学科结合，多角度多层次全方位展开。不同的是，探源的时空有所扩大，时间上向前延伸到公元前3500年，空间上扩大到黄河流域、长江中下游及辽西河流域。阶段性认识是：1. 以公元前2000年为界，之前辽西、海岱、长江中下游等地区的文化独自发展，与

---

① 王巍、赵辉：《中华文明探源工程的主要收获》，《光明日报》，2010年12月23日，第012版《理论周刊》。

中原文化呈现相互影响、百花齐放的局面，之后发生重大变化，形成中原地区华夏文化独秀的格局。2. 长江中下游因气候波动造成干旱或水患，导致公元前2000年前后长江中下游原始文化衰退。辽西地区也因气候干凉化，导致公元前2000年前后辽西原始文化衰退。而中原地区因地形多样，台地高平，抗灾能力较强，为原始农业继续发展创造条件。3. 走向文明时代有不同途径。公元前2000年前后，以中原地区陶寺古城、长江中下游良渚古城及长江中游石家河古城为代表，其社会分层明显，贵族特殊阶层形成，暴力和战争屡现，这说明这些地区已经进入早期文明社会①。

探源工程（三）：2011—2015年。自2011年5月起，由国家文物局组织实施“中华文明探源工程”第三阶段研究任务：中华文明探源及其相关文物保护技术研究；中华文明起源与早期发展综合研究②。

从20世纪90年代起，特别是“中华文明探源工程”启动以来，中国文明起源研究呈现出如下特点：

---

① 王巍、赵辉：《中华文明探源工程的主要收获》，《光明日报》，2010年12月23日，第012版《理论周刊》。

② 《百度百科》：《中华文明探源工程》。

1. “从单一要素研究追溯到文明起源的过程、动力、背景及模式等研究”①。综观20世纪90年代以前对文明起源研究，主要集中在一元或多元、标志、要素等方面探讨，之后的20多年，转向对文明起源的纵深方向研究，如对文明起源和形成两个阶段的社会组织和结构的考察。

2. 以考古学文化为基础，结合传世文献资料，并运用现代科技手段，“呈现多学科、多角度、多层次、全方位”的研究②。以往研究历史，多半运用定性分析，其缺陷在于静态观察问题。随着科学技术的发展，新的研究理论和工具的运用，特别引入定量分析方法，使文明起源研究揭开新的一页。

3. 文明起源和形成的新理念引入和运用。“新世纪以来，最热的就是对‘酋邦’和‘早期国家’的讨论”③。酋邦是由一个最高首领（酋长）控制之下的地域集团，在该集团内形成地位不同、利益不等的贵族阶层与普通民众。“酋邦”时期是国家诞生前的社会历史阶段。也有学者认为，“酋邦”时期已进入早期国家阶段。一般认为，中国

①②③ 高江涛：《新世纪以来中国文明起源与形成研究的回顾和反思》，《中原文化研究》，2013年第1期。

在新石器时代晚期进入酋邦社会。

4. 自新世纪以来，一些田野考古获得新进展，为中华文明探源工程提供新资料。最近发掘的陕西神木石峁城址就是典型的案例。“石峁规模宏大、结构复杂的城址及大型建筑，精美的玉器及其出土背景等方面……很可能是在龙山时代晚期至二里头初期崛起于陕北高原上的一个早期国家的都邑性聚落”①。

（丁季华　2017 年 4 月 15 日）

① 戴向明：《陶寺、石峁与二里头》，载于中国社会科学院考古研究所编《夏商都邑与文化（二）》，中国社会科学出版社，2014 年，第 52 页。

导　言

世界上每个民族都有一段“童年”时代。考古学和民族学有关成果表明，原始先民在这段漫长而艰辛的岁月里，既要完成自身从猿人到现代人的演变，又要从动物本能活动向文化活动转化。从某种意义上讲，人类起源的过程，也是文化生成机制及其状态初现的过程。

本套丛书旨在讨论中国文明起源的历史和逻辑，也即从时间绵延和空间伸展两个向度，讨论中国在进入文明时代之前的文化生成机制及其原始状态。

文化性是人从动物界脱身而出的标志之一，人是劳动产物，文化是劳动结晶。然而，人们长期以来对自身这种劳动创造，一直没有说清楚、道明白，对于文化概念、文化功能更是众说纷纭、莫衷一是。为了与当前文化学相衔接，引言部分扼要地介绍了有关文化功能的学术信息。

为了考虑到可读性和学术性统一，本套丛书在体例上和写作方法上做了新的尝试，即全书由专题和主题板块连接而成。各个专题既相对独立，又有内在联系，前后呼应。

现将4个分册略作说明：

在《洪荒岁月》一书中，通过人自身形成和文化微光初现的阐述，勾画了人猿相揖别时的情景，便于读者了解就人类起源问题的讨论。

在《文化起源》一书中，重点阐析中国文化起源的历史和逻辑，在提出中国文化起源于八大区域的论断的同时，吸纳了史学界前辈创立的中国古史传说时代的“三大集团”说。

在《民族寻踪》一书中，以“新石器革命”为始点，对史前文化中的物质、精神、社会心理和民族潜意识诸层面作了阐析，使读者能够从多个不同的角度解读中华民族文化。

人的创新活动是人特有的历史现象。创新机制早在文化起源中已经萌发成长。事实上，读者在《民族寻踪》一书中已经看到这种活动的存在了。在《原始创新》一书中，再从原始科技、汉字、艺术、音乐等方面，对“原始创新”作进一步的阐析。

简单说来，文明起源的始点是原始文化曙光初现，终点是国家的诞生。在《原始创新》一书的“国家门槛”中，着重阐述传说中“大同之世”终结时的几个场景。

本套丛书还集结了史前时代较有特点的多个考古学文化的介绍和研究性论文，以期达到宏观与微观结合、历史纵观与个案研究结合，为读者呈现更完整的中国文明起源的壮丽图景。

本套丛书由集体创作，执笔者为：丁季华、龚若栋、章义和、黄爱梅、彭华、于凯、唐燮军、王妍、汪奎、武锋、罗先文、王胤卿。每个专题末尾署名者，为该专题初稿撰写人。丁季华负责全书构架和统稿，龚若栋、章义和、黄爱梅参加审定工作。本套丛书援引和参考史学界同仁的诸多成果，深表感谢；不足和疏漏之处，祈请读者指正。

（丁季华）

引言：文化·文明诠释

“文化”(culture)，是众说纷纭的术语之一，至今仍然莫衷一是。根据克拉克洪和克鲁伯统计，在 20 世纪 20 年代以前，关于“文化”仅有 6 种不同的定义；而到 1952 年时，其定义竟已高达 160 余种之多（《文化概念：一个重要概念的回顾》)。“文化”之复杂和争议，由此可见一斑。与“文化”一词相关联的“文明”(civilization)，其情形亦复如是，两者有着太多的相似之处；并且在许多论著中，两者往往又可互相通用或混用。

1871 年，英国人类学家泰勒推出了《原始文化》一书，他在书中给“文化”和“文明”下了一个非常“经典”的定义：“文化或文明，就其广泛的民族学意义来说，乃是包括知识、信仰、艺术、道德、法律、习俗和任何人作为一名社会成员而获得的能力和习惯在内的复杂整体。”[①] 审视泰勒的定义，可以看出，他将文化一分为二，一部分是人类业已取得的成就（如艺术）；一部分是人类赖以生存的价值观念、社会准则。换言之，文化是指人类在社会上所学的一切事物与观念。哈维兰认为可以接受的文化定义，恰好就着眼于泰勒所言的第二层面，“文化是一系列规范或准则，当社会成员按照它们行动时，所产生的行为应限于社会成员认为合适和可接受的变动范围之内”[②]。

在古代汉语文献中，曾经出现过“文化”“文明”两词，但与译自西文的“文化”“文明”相比，两者含义大不相同。

先说“文化”。《说苑·指武》：“圣人之治天下也，先文德而后武力。凡武之兴，为不服也；文化不改，然后加诛。”晋束皙《补亡诗》：“文化内辑，武功外悠。”南齐王融《曲水诗序》：“设神理以景俗，敷文化以柔远。”这几处的“文”，与“武”对应。所谓“文化”，指的是为

① ［英］泰勒：《文化之定义》，《多维视野中的文化理论》，第99—100页，庄锡昌等编，上海人民出版社，1987年。

② ［美］哈维兰著，王铭铭等译：《当代人类学》，第242页，上海人民出版社，1987年。W. Haviland：Anthropology，7th ed，New York，Holt，Rinehart and Winston，1994，p. 304.

“文”(文治教育、礼乐典章)所“化”，实即“文明教化”。次说“文明”。《周易·乾·文言》：“见龙在田，天下文明。”孔颖达疏：“‘天下文明’者，阳气在田，始生万物，故天下有文章而光明也。”《周易·贲·彖传》：“文明以止，人文也。观乎天文，以察时变；观乎人文，以化成天下。”王弼注：“止物不以威武而以文明，人之文也。”《周易·明夷·彖传》：“内文明而外柔顺。”孔颖达疏：“内怀文明之德，抚教六州，外执柔顺之能。”李渔《闲情偶寄》：“辟草昧而致文明。”所谓“文明”，最初指的是自然现象的光明、文采，后来引申为人文世界的文德、文教，最后才借指为“文”(文德、文教)所“化”之后呈现的状态。

“中国古代文明探源”，顾名思义，所讨论的对象主要是中国原始文化的生成机制和状态。在讨论中，“文明”和“文化”两者是通用的。为了便于读者从理论上了解中国原始文化的生成机制和状态，本书先对“文化”和“文明”的内涵和外延、特征与功能等略作阐释：

○“人”的文化

文化和文明，首先应该是“人”的文化和文明。从语源学的角度审查，西语中所使用的“culture”一词，来自古拉丁语“cultura”，其本义为“开垦”“培植”，指人开垦土地、培育作物；之后，开垦和培育的对象转变为人，指对人的开化和教育，日渐具有“人文”色彩；后来，再由此引申出“文化”“文明”，指开化、教化的行为或过程以及达到的状态。换言之，所谓“文化”或“文明”，其初期的含义本来指的就是人为“文化”和“文明”所“化”，以及此“化”所达到的程度。动物虽然也会模仿（如鹦鹉学舌），也可驯化（如狗钻火圈），但其模仿和驯化不是“文化”。人，只有人，才是文化的创造者和承受者。就此而言，文化和文明是人类“进化”的结果[①]；在此意义上，文化是人类区别于动物的标志[②]。因此马林诺夫斯基认为，“文化的出现，将动物的人变为创造的人、组织的人、思想的人、说话的人以及计划的人”[③]。

如果套用生物学的术语，可以说，人与文化的关系，不是通过“先天（遗传）获得”的（acquired），而是通过

---

① 此处所用的“进化”一词与达尔文所论有别，特指“文化的进化”。

② 彭华：《陈寅恪的文化史观》，《史学理论研究》，1999年第4期；彭华：《陈寅恪“种族与文化”观辨微》，《历史研究》，2000年第1期。

③ ［英］马林诺夫斯基：《在文化诞生和成长中的自由》，《多维视野中的文化理论》，第107页。

"后天（学习）习得"的（learned）。在《人的研究》一书中，人类学家林顿区分了"获致地位"（achieved status）与"归属地位"（ascribed status），于此不无参考意义和借鉴价值。

○ 功能的文化

所谓"功能"，即能满足某种"需要"。强调文化的功能性，是人类学功能学派的主旨。该学派由法国社会学家E. 迪尔凯姆创立，后由马林诺夫斯基、拉德克利夫–布朗引入人类学。他们视文化为一完整的总体，是由各自相互联系的部分所组成的体系，其中每个部分都有自己的特殊的作用，都是为了完成自己的"功能"。如马林诺夫斯基认为，"文化在其最初时以及伴随其在整个进化过程中所起的根本作用，首先在于满足人类最基本的需要"①。

该学派借以建构其理论的学说是"需要理论"，借以比附的学科是生物学。仔细分析该学派的学说，就可发现，他们其实视人为动物、视文化为某种生物现象；为了满足"需要"，人必须创造一个崭新的、第二性的、派生的环境，于是便有了文化；"需要"是多元的、系统的，

---

① ［英］马林诺夫斯基：《在文化诞生和成长中的自由》，《多维视野中的文化理论》，第106页。

因而文化也是多元的、系统的，一如人体各个器官发挥其各自的“功能”。总之，该学派陷入了“机械比附”的怪圈，有简单化的倾向。

○ 历时的文化

这里所用的“历时”一词（diachronique），借鉴自语言学家索绪尔，与“共时”（synchronique）相对，特指人类文化在不同历史时期的状态及其演变。从历时的角度梳理文化，既可溯其源，又可明其流，给人以清晰的时间观念。国外的文化进化论者（如泰勒、摩尔根），非常注重从历史发展的角度研究文化，认为文化是由低级向高级、由简单到复杂循序渐进发展的；该学派又可分为单线进化论和多线进化论，前者把人类文化看作一个整体，后者则认为人类文化存在若干平行的个体。

比如，我们所说的“儒家文化”，其实并不是一开始便如此，它有着长达2 000余年的发展历史。质言之，它的发展历史大致经历了三个阶段：“原始儒家”（先秦时期）、“宋明新儒学”（其实应当包括宋以前的汉魏时期）、“当代新儒家”（五四新文化运动以后）①。

① 彭华：《“殊途同归”与“同途殊归”——从思想交融角度看儒学发展的三个阶段》，《宜宾师专学报》，2000年第4期。

○ 区域的文化

所谓“区域的文化”，指的是一个特定地域单位、在一个特定时期中发展起来的文化和社会类型，可以简称为“区域文化”。文化人类学所说的“文化区”(culture area)、传播论者所说的“文化圈”(Kulturkreise)，则与此处所用的“区域文化”有别，因为前者是“以该地区内诸社会的文化相似性为特征的地理区域，这种相似性源于共同的环境及传播”①，而后者则隐含文化的独创性（独立起源、独立发展）。“区域文化”并不是从一开始就存在的，它是某一地区文化发展到一定程度的结果，“只有当某一区域达到成就上的一致性，出现在此地域上的文化丛和文化结构，真正的区域文化才算形成”②。

大者而言，有以洲为单位的区域文化，如“欧洲文化”“亚洲文化”等；次者而言，有以洲内片区为单位的文化，如“东亚文化”“西欧文化”等；小者而言，有以国别为单位的文化，如“中国文化”“印度文化”“玛雅文

---

① ［美］墨菲著，王卓君、吕迺基译：《文化与社会人类学引论》，第285页，商务印书馆，1991 年。

② 李勤德：《中国地域文化的形成与发展》，《先秦史与巴蜀文化论集》，《历史教学》杂志社，1955 年。

化”“古罗马文化”等；更小者而言，有以国内地区为单位的文化。

比如，著名考古学家苏秉琦将中国的考古学文化划分为六大区系：（1）以长城地带为中心的北方地区；（2）以晋、陕、豫三省接邻地区为中心的中原地区；（3）以洞庭湖及其邻境地区为中心的长江中游地区，以及面向太平洋的三大区；（4）以山东及其邻境为中心的黄河下游地区；（5）以江、浙（太湖流域）及其邻境地区为中心的长江下游地区；（6）以鄱阳湖—珠江三角洲一线为主轴的南方地区①。苏秉琦据以划分的标准，是考古学的标准；而他所说的这六大区系，实际上就是六大“区域文化”。李学勤根据文献和考古成果，将东周时代列国的文化划分为七个文化区：（1）以周为中心，北到晋国南部，南到郑国、卫国等地处黄河中游的地区，为中原文化区；（2）中原以北的赵、中山、燕国以及更北的北方文化区；（3）今山东境内的齐鲁文化区；（4）长江中游的楚文化区；（5）吴越文化区；（6）巴蜀文化区；（7）秦文化

① 苏秉琦：《华人·龙的传人·中国人——考古寻根记》，第239页，辽宁大学出版社，1994年。

区①，当然，还有其他的划分方法，兹不赘述。

○ 物质的文化

物质，是文化的载体，也是文化“外化”的结果。在以前的研究中，部分学者往往只关注这一类型的文化（习称为“物质文化”），而忽略了文化的精神性。比如在考古学界，有所谓“陶器文化”“青铜文化”等。其实，所谓“物质文化”“精神文化”，仅是相对划分的结果，两者本来就是密切关联的，切不可截然割裂。考古发现的物质（遗物与遗迹），它们其实也反映着精神的东西。关于个中奥秘，李学勤多有论述②。

但并非所有的物质均可冠以“文化”，要成为“文化的物质”，它首先应该具备“人工创造性”。也就是说，所谓“物质文化”，特指（人的／人为的）文化物质而非自然物质。因此，如若有人贸然称有所谓的“山川文化”“松竹文化”，绝非严谨和地道的用法。

○ 精神的文化

所谓“精神的文化”，这是从狭义的角度所理解的文

---

① 李学勤:《东周与秦代文明》(增订本), 第11—12页, 文物出版社, 1991年第二版。

② 李学勤:《走出疑古时代》, 辽宁大学出版社, 1994年。

化，即人类所创造的精神财富的总和（如文学、艺术、教育、科学、宗教以及思维方式、心理特征、价值观念、道德标准、认识能力等），是人类的文化心态及其在观念形态上的对象化，有时又被混称为“精神文明”。上文提到的泰勒的定义，注重的就是文化的这一层面。目前学术界所习称的“儒家文化”“道家文化”等，所注重的就是文化的精神层面。

尽管精神文化有相对的独立性，能够反作用于物质文化，但精神文化本身终究是由物质文化所决定和制约的。这是因为，精神文化需要一定的物质载体，只有当物质文化发展到一定的阶段以后，才有可能产生精神文化。

○ 象征的文化

怀特认为，“象征是所有人类行为和文明的基本单位”，甚至认为“所有人类行为起源于象征的作用”；所谓“象征”（symbol），指的是“一件其价值和意义由使用它的人加诸其上的东西”；因此在他看来，文化是象征的总和，是“肉体之外的”基于象征体系的事物和行为在时间上的连续统一体，是人区别于其他动物的主要标志①。在众多象

① ［美］怀特：《象征》，《多维视野中的文化理论》，第239—251页。

征体系中，“符号”是一项大宗，而“符号”恰好就是德国哲学家卡西尔强调的重心和中心。他认为，人是“符号的动物”，人是能利用符号去创造文化的动物[①]。文化中最重要的象征形式是语言——代表客体的言辞，斯坦利·萨尔特甚至认为，“象征—语言——是人类文化之基础”(《演化生物学》，第402页)。

冯友兰曾经将历史区分为“本来的历史”(客观存在的历史)和“写的历史”(历史学家以主观认识和研究为根据而撰写的历史)[②]。其实，文化又何尝不是如此？拿孔子来说，就有“历史的孔子”与“孔子的历史”之别。孔子逝世之后，他在后代实际上业已成为一个“符号”，具有极大的“象征”意义，仍然具有极高的研究价值和学术意义。

○ **整合的文化**

在《文化模式》一书中，本尼迪克特不但强调文化的“模式”(pattern，又译为“类型”)，而且强调文化的“整

① [德]卡西尔：《人是符号的动物》，《多维视野中的文化理论》，第252—262页。

② 冯友兰：《中国哲学史新编》(1980年修订本)第一册，“全书绪论”，人民出版社，1982年第三版，第1—2页。

合”①。所谓“整合”，其实在文化的形成过程中（包括文化交流）最具有参考意义；一俟文化最终成型并相对固定，再谈文化的“整合”，其参考意义便相形逊色。

文化的整合，大致包括三种类型:（1）同时代诸文化的整合;（2）新旧文化的整合;（3）本土文化与外来文化的整合。大致而言，其第一、第二种“整合”仍以本土居多，第三种“整合”则广而延及“中外”文化问题。

就第一、第二种情形而言，我们可举道家文化为例。诸子百家的关系，并非如有些人所理解的那样——水火不容、尖锐对立。道家与儒家，非但没有水火不容，反而是水乳交融；道家在形成和发展过程中，有机摄取和合理吸纳的养分，不但有儒家的东西，同时还有阴阳家、墨家、名家、法家的东西。在“论六家之要旨”中，司马谈早就将此个中奥秘揭橥而出，“道家使人精神专一，动合无形，赡足万物。其为术也，因阴阳之大顺，采儒、墨之善，撮名、法之要，与时迁移，应物变化，立俗施事，无所不宜，指约而易操，事少而功多”(《史记·太史公自序》)。郭店楚简一出，许多学者对儒、道两家的水乳交融深表惊

① ［美］本尼迪克特著，张燕、冯钢译:《文化模式》，浙江人民出版社，1987年。

讶，叹为真历史的“再现”；其实，儒、道两家的关系本非“问题”，只是某些人“误读”（misread）了先秦、两汉的典籍罢了。

就第三种“整合”而言，最为典型、最为世人所熟知的，恐怕莫过于佛教的渐入中土了。自西汉末年佛教传入中国，历2 000余载的译介、冲突、交融，其“整合”早已完成。而另外一种中外文化的“整合”，则仍在进行之中，这就是中西文化的“整合”。

○ **系统的文化**

所谓“文化的系统性”，不论是在文化的形成过程中，还是在文化成型固定后，都具有极大的参考意义。因为我们所说的“××文化”，其组成部分并不是单一的、孤立的，往往是多元的、复杂的。

以中国而言，她本身就是一个多民族的国家，“五十六个民族，五十六朵花”，各自都有其灿烂的文化与悠久的历史，但最终都系统整合在“中华民族”这个大家园里。所以，著名社会学家费孝通提出“中华民族多元一体格局”概念①，确实是独具慧眼的概括。再以某一民族

① 费孝通：《中华民族的多元一体格局》，中央民族学院出版社，1989年。

而论，其文化也并非单一文化，既有物质层面的，也有精神层面的，既有历时的，也有共时的，但“共同的文化认同”（民族学上所用的“民族认同”一词，与此约略近之）最终将该民族与其他民族区分开来，因为“（共同的）文化特点可以毫无例外地作为任何民族区别于其他民族的主要标志”[①]，“如果一个民族丧失其文化特点，它就不可能作为一个单独民族而存在”[②]。

○ **考古学文化**

考古学中所讲的文化，有其特定的含义，“专门指考古发现中可供人们观察到的属于同一时代、分布于共同地区，并且具有共同的特征的一群遗存”；所以，一般用“考古学文化”来表示考古遗存中（尤其是原始社会遗存中）所观察到的共同体[③]。考古学文化的命名，以首次发现的典型遗址所在的小地名作为考古学文化名称的做法，应用得最为普遍[④]，如欧洲的莫斯特文化、梭鲁特文化以及中

---

① ［苏］尼·切博克萨罗夫、伊·切博克萨罗娃著，赵俊智、金天明译：《民族·种族·文化》，第24—25页，东方出版社，1989年。

② ［苏］尼·切博克萨罗夫、伊·切博克萨罗娃著，赵俊智、金天明译：《民族·种族·文化》，第23页，东方出版社，1989年。

③ 安志敏：《考古学文化》，《中国大百科全书·考古学》，第253页。

④ 夏鼐：《关于考古学上文化的定名问题》，《考古》，1959年第4期。

国的龙山文化、仰韶文化等。

总之，文化首先是“人的文化”，只有人才是文化的创造者和承继者；因时间和空间的不同，文化在历时和共时两个向度上呈现出不同的特点；文化的基本内容，大致可以划分为物质文化和精神文化两大类；文化的各个组成部分，都有其独到的功能和价值，它们被系统整合之后，外在面貌大致相似，“民族文化”遂凸显而出；文化的研究，在方法论上的要求是全方位的，任何单一的方法均不足以完全奏效。

（彭　华）

洪荒岁月

人生来具有文化创造力，因而使其离开动物界成为万物之灵。

这种创造机制，是人在其童年洪荒岁月中，依赖劳动逐渐生成。从某种意义上讲，人的形成和人始创文化是同步进行的。劳动创造了人，也同时创造了人类文化。

人从何而来？人形成的历史逻辑如何？人创造文化的原始动力是什么？而这些问题又是怎样反映在原始传说中的？本章将做出回答。

一 人类起源论争聚焦

恩格斯说，“有了人，我们就开始有了历史”①。但关于人类的起源问题，众说纷纭，莫衷一是。因此，在考察人类的历史时，首先面临的问题就是：人类源自何物？人类来自何处？人类始于何时？行文所及，就是要回答这三个问题。

（一）人类源自何物？

1. 中外神创说

在古希腊，曾经流传过大神普罗米修斯以黏土造人的神话。先知先觉的普罗米修斯知道泥土中有“神的种子”，所以他以黏土创造了人。古埃及人相信，第一个人是由一个名叫哈努姆的神在陶器场里塑造的。在印

---

① 恩格斯：《自然辩证法》，《马克思恩格斯选集》第三卷，第457页，人民出版社，1972年。

度，婆罗门教认为是“梵天”（Brahmā）创造了世界万物（包括神和人在内）。比较系统地以“神创说”来叙述人类起源问题的，是基督教的《圣经》（分为《旧约全书》和《新约全书》）。《旧约圣经》的《创世记》说：“上帝”在五天时间里创造了天地、光明、山川树木、飞禽走兽等；在第六天，上帝用泥土创造了人类的始祖“亚当”，随后又用亚当的一根肋骨创造了“夏娃”，并让他们结为夫妻；之后，上帝将亚当和夏娃赶出“伊甸园”，让他们在大地上生活，两人最后繁衍了人类的后代。言下之意，人类是上帝创造的子民，人类是亚当和夏娃的后代。

在中国，古代曾经流传过“女娲抟土造人”的传说。《说文·女部》说：“（女）娲，古之神圣女，化万物者也。从女，咼声。”意思是说，女娲不但创造了人，而且万物都是由女娲创造的。关于“女娲抟土造人”的传说，在后代更加详细、更加具体。《太平御览·皇王部》（卷七十八）引《风俗通》云：“俗说：天地开辟，未有人民。女娲抟黄土作人，剧务，力不暇供，乃引绳于泥絙中，举以为人。故富贵者，黄土人；贫贱凡庸者，絙人也。”由此看来，人类都是由女娲抟黄土创造出来的，并且在人类刚被创造出来时，就已经有了富贵与贫贱之分[①]。另外，中国古代还有伏羲、女娲以兄妹身份婚配而繁衍后代的传说（唐李冗:《独异志》卷下）。但早在先秦之时，屈原就已经对“女娲造人”的传说表示质疑：“女娲有体，孰制匠之?”(《楚辞·天问》) 既然人是由女娲创造的，而女娲也是人，那她的身体又是由谁创造的呢？在少数民族的神话传说中，也保留了不少人类起源的神话传说。

2. 达尔文进化论

早在上帝造人说还没有被载入《圣经》之前，古希腊的思想家阿那克西曼德（公元前 610—前 546 年）就提出了朴素的唯物主义思想，他认为人类的祖先是鱼（近年又有人提出人的近祖是水生灵长目哺乳动物海豚[②]）。这是一种直观的猜测，同时带有臆测的成分。

从科学的角度探索人类起源问题，是在 18 世纪的上叶。瑞典著名的博物学家林奈（Carl von Linné，1707—

① 中国古代关于女娲的传说很多，除了这里叙述的“抟土造人”外，还有“炼五色石以补天阙”的传说(《列子·汤问》《淮南子·览冥训》等)。

② 持此说的有法国著名医生米高尔·奥登。他提出了七条理由来证明海豚更像人类，即猿猴厌恶水、不会流泪、有毛而无皮下脂肪、不喜欢鱼虾、性交为腹背倚伏式、不用“手”接生、人类创世神话多与水有关。但他恰恰忽略了人和海豚最为根本的差异，即在形态和基因上的差异。

1778）在《自然系统》一书中，以动物身体结构的相似性作为分类的根据，创立了动物分类系统。他虽然没有摆脱当时生物界物种不变的宗教观念，但他承认人体结构与高等的猿类有很多相似之处，因而他把人和猿猴一同归入灵长目。他用“智人”一词表示人类，并把人类分为欧洲、亚洲、非洲和美洲四大种族。

在《地质学原理》中，英国著名地质学家查尔斯·赖尔爵士（C.Lyell，1797—1875）讨论了有机物质发展的理论，他把这一思想称之为生物的衍变。达尔文（C.R.Darwin，1809—1882）正是在阅读了赖尔的《地质学原理》后，才构想出进化论的。

在法国，著名学者布丰曾经首次提出人、猿共祖的假说。随后，布丰的学生、法国杰出的生物学家拉马克（Jean B.Lamarck，1744—1829）于1809年出版了《动物哲学》一书。虽然说当时还没有关于“类人猿”的古生物资料，但拉马克在书中提出了关于“人类起源”的天才预想。他的结论是，动物之间存在着亲族关系，高级动物是从低级动物形态发展而来的，最初的人类便是由类人猿演化而来的。

1859年，达尔文出版了《物种起源》，他在书中完整地陈述了自己的进化论学说。但达尔文起初并没有把他的理论运用到人类祖先的问题上，他在书中对人们经常谈论的人、猿之间在解剖上的类似性并未作任何评论，只是简单地说，“人类起源及其历史必将越来越清楚”。将达尔文的进化论引申到人类问题上来的是 T.H. 赫胥黎（T.H. Huxley，1825—1895）。

1863 年，赫胥黎发表了《人类在自然界的地位》，充分引用了比较解剖学和胚胎学等方面的科学成果，论述了人类与猿类的亲缘关系；他认为人在身体与大脑上与某些猿类的体质差异还不及猿类本身之间的差异大，从而提出了人、猿同祖论。嗣后，德国学者海克尔（E.H. Hackel，1834—1919）在《自然创造史》（1868 年）中，进一步引用大量事实论证了人、猿同祖论。达尔文接受了这一论断，并把它作为《人类的子孙》（1871 年）、《人类的起源和性的选择》（1871 年）和《人类和动物的表情》（1872 年）等书的“结论性观点”。在这些书中，达尔文详细地阐述了进化论运用于人类起源的问题，提出了人和现代类人猿同祖、人类是由一种灭绝了的类人猿进化而来的著名论点。

达尔文的进化论，确实是一项了不起的自然科学成就，马克思和恩格斯给予了高度评价。进化论只是证实了人和其他动物的亲缘关系，说明了猿类系人类的近亲，但它并没有彻底解决人类的起源问题，如人类是怎样从动物界分化出来，以及远古人类怎样发展为现代人等。恩格斯曾经明确指出："甚至达尔文学派的最富有唯物精神的自然科学家们还弄不清人类是怎样产生的，因为他们在唯心主义的影响下，没有认识到劳动在这中间所起的作用①。"

到目前为止，在人类的起源问题上，流行的仍是类人猿假说。该假说认为，人与现代类人猿（长臂猿、大猩猩、猩猩、黑猩猩）之间有着几百个共同之处，而这些共同之处同时也是人科、类人猿科和其他动物的不同之处，这说明人与现代类人猿存在着亲缘关系，具有共同的祖先②。

3. 历史唯物论

早在《德意志意识形态》一书中，马克思和恩格斯就已经指出了人类的起源问题，说明人类从动物界划分出来，其先决条件是人们开始生产他们所必需的生存资料。

---

① 恩格斯：《自然辩证法》，《马克思恩格斯选集》第三卷，第 515 页。

② 前苏联科学院民族研究所：《原始社会史》，第 193—194 页，浙江人民出版社，1990 年。

1876年，恩格斯运用辩证唯物主义与历史唯物主义的基本原理，写成了《劳动在从猿到人转变过程中的作用》的著名论文，相当精辟地阐述了劳动是促进古猿进化到人的关键，劳动在人类产生过程中起着主导作用，从而建立了科学的人类起源的理论。1884年出版的由恩格斯撰写的《家庭、私有制和国家的起源》一书，深刻地揭示了原始社会的基本规律，是第一部合乎科学精神的原始社会史著作；而其中也不乏涉及人类起源问题的文字。马克思主义关于人类起源的相关论述，可以概括为“劳动创造人”的理论。马克思说：“这全部所谓世界历史不外是人类经过人的劳动创造了人类①。”恩格斯也明确指出，“它（按：指劳动）是整个人类生活的第一个基本条件，而且达到这样的程度，以致我们在某种意义上不得不说，劳动创造了人本身”，而劳动是“人类社会区别于猿类的特征”，是“人同其他动物的最后的本质的区别”②。

马克思主义认为，人类是从类人猿转变过来的，“这些猿类，大概首先由于受它们的生活方式的影响，使手在攀援时从事和脚不同的活动，因而在平地上行走时就开始

---

① 马克思：《经济学—哲学手稿》，第94页，人民出版社，1963年。

② 恩格斯：《自然辩证法》，《马克思恩格斯选集》第三卷，第508、513、517页。

摆脱用手帮助的习惯，渐渐直立行走。这就完成了从猿转变到人的具有决定意义的一步”①。直立行走后，人类的手脚开始分工，手专门用于劳动活动，脚用于行走。这样，人类又完成了“具有决定意义的一步”——“手变得自由了”“能够不断地获得新的技巧，而这样获得的较大的灵活性便遗传下来，一代一代地增加着”②。直立行走和手脚分工最后确定下来后，“人就和猿区别开来”③。而手的专门化，“意味着工具的出现，而工具意味着人所特有的活动，意味着人对自然界进行改造的反作用，意味着生产”④。当古猿类开始制造最原始的工具时，劳动便出现了，“劳动是从制造工具开始的”⑤；当工具和劳动出现时，最原始的人类便产生了。恩格斯总结说：“首先是劳动，然后是语言和劳动一起，成了两个最主要的推动力，在它们的影响下，猿的脑髓就逐渐地变成人的脑髓”，而“脑髓和为它服务的感官、愈来愈清楚的意识以及抽象能力和推理能力的发展，又反过来对劳动和语言起作用，为两者的进一步

---

① 恩格斯:《自然辩证法》,《马克思恩格斯选集》第三卷，第 508 页。
② 恩格斯:《自然辩证法》,《马克思恩格斯选集》第三卷，第 509 页。
③ 恩格斯:《自然辩证法》,《马克思恩格斯选集》第三卷，第 456 页。
④ 恩格斯:《自然辩证法》,《马克思恩格斯选集》第三卷，第 457 页。
⑤ 恩格斯:《自然辩证法》,《马克思恩格斯选集》第三卷，第 513 页。

发展提供愈来愈新的推动力”①。马克思主义关于人区别于动物的论述，被前苏联学者概括为“人科三点论”，即：（1）人能直立行走；（2）人有运用自如的手；（3）人有大而复杂的脑②。

中国国内的研究者们，对于“劳动”的含义曾经有过不同的理解。一种意见认为，只有使用人工制造的工具来进行生产，才算是“劳动”。另一种意见则认为，前一种意见所说的“劳动”，其实是一种狭义的“劳动”，我们应当从广义的角度来理解“劳动”。第二种意见将广义的“劳动”一分为二，认为在制造工具之前，使用天然木石作为工具，是一种动物式的本能的劳动、初级的劳动，但也可算是劳动；这种劳动推动着正在形成中的人转变为完全形成的人，并由使用天然工具发展到制造工具。而使用人工制造的工具来进行的劳动，则是人完全形成的标志③。正如马克思所说，“劳动资料的使用和创造，虽然就其萌芽状态来说，已为某几种动物所固有，但是这毕竟是

① 恩格斯：《自然辩证法》，《马克思恩格斯选集》第三卷，第512页。

② ［苏］A.H.别尔会茨主编：《原始社会》，第7页，中央民族学院出版社，1987年。

③ 本文此处的文字，借鉴了林耀华的部分论述（林耀华主编：《原始社会史》，中华书局，1984年，第28页、第51页注释①）。

人类劳动过程独有的特征，所以富兰克林给人下的定义是‘a tool making animal’（制造工具的动物）”[1]。这样，恩格斯所说的“劳动在从猿到人转变过程中的作用”中的“劳动”，才可以得到很好的理解。

但有些研究者认为，马克思主义关于“劳动创造人”的论述，只能算是人类起源的“哲学标准”，讲述的是人在整个宇宙中的位置。近年来的研究表明，制造工具并不是人区别于动物的绝对的标准，因为黑猩猩也具有制造工具的能力。人真正形成并最终从动物中分离出来，其标志是“族外婚”及其行为的文化性，因为所有动物都是“族内婚”，因而其行为还是本能的或自然的。一言以蔽之，我们可以把“族外婚”视作人类起源的“文化标志”[2]。

4. 线粒体夏娃理论

“线粒体夏娃理论”（Mitochondrial Eve）要解决的是现代人的起源问题。自 20 世纪 80 年代以来，一些学者开始尝试运用生物化学、分子生物学的方法来探讨现代人的起源。1984 年，Higuchi 等从灭绝了 100 多年的马科动物斑

① 马克思：《资本论》第一卷，第 204 页，人民出版社，1975 年。

② 俞伟超、汤惠生：《图腾制与人类历史的起点》，《中国历史博物馆馆刊》，1995 年第 1 期。

驴的线粒体风干皮中提取和分离出线粒体 DNA 片段，将它与斑马、马、牛及人的相应片段进行了比较，发现斑驴的线粒体 DNA 与现存的斑马的线粒体 DNA 很接近，而与马科其他动物的线粒体 DNA 相差较远。这是学术界首次将古 DNA 分析应用于分子系统学①。1985 年，Svante Pääbo 等人从古埃及木乃伊的组织中提取并克隆了 DNA 片段；1988 年，他们又从 7 000 年前的人骨中提取得到了 92 个碱基的线粒体 DNA 片段，从而首次将 PCR 技术应用于古 DNA 研究中。1987 年，美国加利福尼亚大学伯克利分校生化系的 Rebeccal Cann 和 Alan Wilson 等，在《自然》（*Nature*）杂志上发表了题为《线粒体 DNA 与人类进化》的文章。他们分析了 140 多份现代人胎盘线粒体 DNA 样本，这些样本中的大部分取自美国各大医院。其中 20 份美国黑人的样本代表着非洲撒哈拉地区的黑人，34 份代表亚洲的黄种人，46 份代表白种人，剩下的 47 份样本中有 21 份来自澳大利亚土著居民，26 份来自新几内亚土著居民。他们将 145 份纯化的线粒体 DNA（mtDNA）经过 12 种限制性内切酶（RE）消化（不同的酶切割自己识别

---

① Higuchi R., et al., DNA Sequences from the Quagge, an Extinct Member of the Horse family. Nature, 312(5991), pp. 282—284, 1984.

的特定的 DNA 序列)。如果序列发生突变,就可能改变切割情况,然后比较切割产生的 DNA 片段,发现非洲样本变异最多,其次是亚洲样本。假设每 100 万年 mtDNA 变异 2%—4%,那么由此计算出非洲 mtDNA 的平均年限为 18 万—9 万年,亚洲是 10.5 万—5 万年,澳大利亚是 8.5 万—4.3 万年,欧洲是 4.5 万—2.3 万年,新几内亚是 5.5 万—2.8 万年。考虑到线粒体 DNA 主要来自于母系,最后他们得出结论,认为这些线粒体 DNA 可能是从非洲 20 万年前假设存在的一个黑人妇女那里继承下来的。这就是得到一些研究者支持的"线粒体夏娃理论",又称为非洲夏娃理论、黑夏娃理论。"线粒体夏娃理论"基于以下两个假设:(1)人类的 mtDNA 来源于母系,不发生重组,其多态性只是突变积累的结果;(2)人类的 mtDNA 以一种稳定速度发生突变,该速度是每 100 万年为 2%—4%。

但是,也有研究者对"线粒体夏娃理论"提出了不同意见。如美国加利福尼亚大学的 Francisco J.Ayala 认为,遗传信息主要存在于细胞核中(因为核 DNA 为 31 亿碱基对,而线粒体 DNA 只有 16 596 个碱基对),核 DNA 更具有代表性。其次,"线粒体夏娃理论"无法解决基因家系与个体家系之间的矛盾。

针对“线粒体夏娃理论”，还有人提出了Y染色体亚当学说。他们通过比较了38人的Y染色体上ZFY基因（与雄性性成熟有关的基因）的729个碱基对，得出结论是现代人类的ZFY基因起源于27万年前某个男人。

早在1991年，美国宾夕法尼亚州立大学生物学、分子进化研究所的S.Blair Hedges便提出，仅靠mtDNA序列数据不足以解决现代人起源问题。1992年，Marica Barinage提出有些古人类学家认为“线粒体夏娃理论”可能不正确，因为化石记录表明人类的共同祖先应存在于100万年前左右；同时他认为，Wilson应用David Swofford计算程序来比较DNA序列，也存在一定的问题——用同样的方法、同样的数据，以不同的顺序比较也会得出不同的结果。他比较了6个法国人、7个中国人、5个越南人、1个蒙古人和6个塞内加尔人、3个非洲俾格米人、3个安哥拉附近Khosiam部落人、4个南非班图人的PDHA1基因（位于X染色体上的负责糖代谢酶的基因），以Chimp黑猩猩为对照（即代表500万年前人与黑猩猩分化）计算出该基因的突变速度，建立了一个进化树。该树表明，PDHA1基因有两个祖先，一个来自非洲，一个是在非洲以外的地方[①]。

（二）人类来自何处？

关于人类究竟起源于何处，学术界先后流行过欧洲起源论、亚洲起源论、非洲起源论、多地区起源说等。

1. 非洲起源论

有研究者认为，人类最古老的祖先是原上猿和埃及古猿（因首先发现于埃及开罗西南撒哈拉沙漠的边缘地区而得名）。埃及古猿很可能是从原上猿演进出来的，它生活在距今3 000万年以前的渐新世，它是当时地球上最高级的动物，也是已知最古老的人类和类人猿的共同祖先[②]。但原上猿和埃及古猿只是“攀树的猿群”，还不能称之为“人”。从20世纪以来，在东非和南非不断出土了有关南方古猿化石、人属化石以及石器等遗迹遗物。

2. 欧洲起源论

森林古猿是现代类人猿的祖先，最初于1856年发现于法国上加龙的圣戈当附近的中新统的地层中。于是，便

① 以上关于“线粒体夏娃理论”的叙述，参考了周慧、朱泓：《现代人起源问题与DNA——“线粒体夏娃理论”述评》，《考古》，2002年第3期。

② 《三千万年前人类祖先化石》，《人民日报》，1980年3月18日。

有人主张人类起源于欧洲。后来，在亚洲、非洲的肯尼亚等地也陆续发现了许多同类的化石①。比森林古猿更为进步的腊玛古猿，在欧洲的希腊、土耳其、匈牙利等地，也有发现。

3. 亚洲起源论

在亚洲的印度、巴基斯坦以及中国的云南等地发现了更为进步的腊玛古猿后，一些学者据此认为人类起源于亚洲②。吴汝康认为，这种腊玛古猿很可能属于人的系统，人类的诞生地很可能主要是在亚洲③；贾兰坡也主张，人类起源的中心是亚洲南部④。1994 年，江苏溧阳市上黄镇发现了比非洲化石早 800 万—1 000 万年的曙猿（学名 Eosimias）化石，但外国的科学家不承认。1994 年 5 月，中国科学院古脊椎动物与古人类研究所的科学家和美国地质古生物学者组成的野外考察队，在垣曲盆地发现了许多有价值的哺乳动物化石，其中包括曙猿的零星材料；1995

---

① 以上所述，参考了《人类发展史》，第347—350页，吴汝康等著，科学出版社，1978 年。

② 云南博物馆:《十年来云南文物考古新发现及研究》,《文物考古工作十年》（1979—1989），文物出版社，1991 年。

③ 吴汝康:《人类的诞生地在哪里？——谈世界上首次发现腊玛古猿头骨》,《人民画报》，1981 年第 7 期。

④ 贾兰坡:《中国大陆上的远古居民》，第3—7页，天津人民出版社，1978年。

年 5 月，在山西垣曲县寨里村土桥沟内挖掘出了一块相当完整的曙猿下颌骨，为曙猿是包括人类在内的一切高等灵长类的祖先增加了有力的证据。曙猿化石距今 4 500 万年，是迄今为止已知的最早的高等灵长类动物的实物证据①。1997 年，美国亚利桑那大学的 M.Hammer 以 Y 染色体分型的实验说明，人类起源于亚洲，在很早的时候迁移到了非洲②。腊玛古猿和南方古猿一样，都属于“正在形成中的人”，但已能直立行走，还能利用天然木棒来做工具。

4. 多地区起源说

1999 年，美国拉特格斯大学的遗传学与人类学家在《科学》杂志上发表文章，支持人类多地区起源说③。目前，持此说的人越来越多。

由上述争论可以看出，在探讨“人类来自何处”时，其实牵涉到一个严肃的“人的定义”问题。即究竟是以

① 黄学诗:《山西垣曲曙猿化石的发展》,《化石》, 1997年第4期; 黄万波:《中华大地与人类演化》,《化石》, 1995 年第 4 期。“曙猿” 的意思是 “类人猿亚目黎明时的曙光”, 意即目前发现的最古老的猿。

② 转引自周慧、朱泓:《现代人起源问题与DNA——“线粒体夏娃理论” 述评》,《考古》, 2002 年第 3 期。

③ 转引自周慧、朱泓:《现代人起源问题与DNA——“线粒体夏娃理论” 述评》,《考古》, 2002 年第 3 期。

“攀树的猿群”作为“人的定义”呢，还是以“正在形成中的人”，抑或是“完全形成的人”。如果不在“人的定义”问题上首先达成共识，接下来的问题就很难探讨。就目前所掌握的化石材料判断，人类多地区起源说更能说明问题。在具体起源地区上，人类应当就起源于非洲和亚洲南部的广大地区①。古人类学家贾兰坡形象地称之为不等边三角形，即人类起源于由肯尼亚、印度、中国（云南）三点连成的不等边三角形内，而南亚正好位于其中心地带②。

（三）人类始于何时？

一个多世纪以来，随着各地化石的大量出土，古生物学、古人类学、考古学得到了迅速发展。特别是在非洲、亚洲和欧洲热带和亚热带的森林地区，发现了一系列古猿化石，从而为人类起源时间的确定奠定了基础。非洲、亚洲和欧洲出土的古猿化石，距今约 3 000 万—500 万年，它们大致反映了从猿到人发展过程的轮廓。

在中华曙猿发现之前，一般认为：距今约 3 000 万年

---

① 林耀华主编：《原始社会史》，第32页；潘其风、韩康信：《体质人类学》，《中国大百科全书 · 考古学》，第 525 页，中国大百科全书出版社，1986 年。

② 贾兰坡：《中国大陆上的远古居民》，第5页，天津人民出版社，1978年。

以前的原上猿，是已知的最古老的人类和类人猿的共同祖先[①]。发现于埃及法卡姆的距今约 2 800 万—2 600 万年的埃及古猿，比原上猿稍微进步，也是接近人和猿的共同祖先的一种类型。森林古猿是现代类人猿的祖先，在亚、非、欧三大洲的广大地区都有所发现，大约距今 2 500 万—500 万年。原上猿、埃及古猿、森林古猿，我们可以把它们作为“攀树的猿群”的代表。

更为进步的人类祖先是腊玛古猿，生活在距今约 1 400 万—800 万年前。腊玛古猿首先发现于印度北部西姆拉低山区，同类化石在东非的肯尼亚、欧洲的匈牙利以及中国云南的开远、禄丰等地均有发现。一些学者认为，腊玛古猿可能是从猿到人过渡阶段的早期代表，而南方古猿中的原始类型可作为晚期代表。一般认为，腊玛古猿和南方古猿是“正在形成中的人”的代表；但也有人持异议，因为腊玛古猿在人科系统上的位置还未最后确定，从早期人科祖先到南方古猿之间还有几百万年的空白。

目前对人类历史的研究成果表明，人类已经有 300 多

① 《三千万年前人类祖先化石》,《人民日报》, 1980 年 3 月 18 日。

万年左右的历史，以南方古猿（纤细种）为代表的化石及其文化，是目前发现的最早的人类遗迹①。南方古猿简称古猿，分为两个系统：南猿纤细种和南猿粗壮种。1924年首先发现于南非阿扎尼亚金伯利市以北80千米的山洞，同类化石在非洲、亚洲发现较多。一般认为，粗壮种是进化灭绝了的旁支，而以非洲南猿为代表的纤细种则是人类的直接（系）祖先。因为南方古猿已经不是真正的猿，其性状比腊玛古猿进步，能制作粗糙的工具，已经属于人的范畴了②。1974—1975年，在坦桑尼亚莱托里尔地点，发现了13块在分类上属人的系统或人科的化石。其中一块下颌骨，分类上被定为人属，用钾氩法测定年代为距今335万—375万年，平均350万年。自从300多万年的这种人属（早期直立人）出现之后，各种类型的南方古猿便逐渐灭绝了③。至此，可以确定，人类（“完全形成的人”）的历史已超过300万年了。

小结：人和现代类人猿的共同祖先是埃及古猿，然后

① 宋兆麟、黎家芳、杜耀西：《中国原始社会史》，第6页，文物出版社，1983年。

② 贾兰坡：《有关人类起源的一些问题》，《古脊椎动物与古人类》，1974年第3期。

③ 林耀华主编：《原始社会史》，第26页。

分两支演进，一支经过森林古猿逐步演化为现代猿，一支经过腊玛古猿、南方古猿（纤细种）到直立人。南方古猿（纤细种）会制作石器，已转化为人了[1]。

（彭　华）

① 宋兆麟、黎家芳、杜耀西:《中国原始社会史》, 第 3—8 页。

二 猿人·古人·新人

马克思主义将从猿到人的发展史分为三个阶段:“攀树的猿群”“正在形成中的人”和“完全形成的人”①。所谓“攀树的猿群”,指的是处于从猿到人的过渡时期、最早出现的生活在树上的古猿,其代表是原上猿(距今3 000万年)、埃及猿(距今2 800万—2 600万年)、森林古猿(距今2 300万—1 000万年)。因为这一阶段的化石材料在中国发现的数量极少(如江苏溧阳的中华曙猿化石和山西垣曲的世纪曙猿化石②),或者材料本身有疑

① 恩格斯:《劳动在从猿到人转变过程中的作用》,《马克思恩格斯选集》第三卷,第508—520页,人民出版社,1972年。

② 黄学诗:《山西垣曲曙猿化石的发现》,《化石》,1997年第4期;黄万波:《中华大地与人类演化》,《化石》,1995年第4期。曙猿是生活在距今约4 500万年以前的灵长类动物,主要活动在热带或亚热带地区的温暖湿润的林地里,是人类迄今为止已经发现的最小的灵长类动物。它是低等灵长类动物向类人猿进化的过渡阶段,兼具有两者的部分特征。曙猿善攀缘,喜欢在树上用四足行走;它的食谱广泛,既能抓食虫子,也剥吃树果。曙猿的个头比老鼠略大,重量约200克。

问[①]，所以本节径直从第二阶段开始叙述。

（一）正在形成中的人

所谓“正在形成中的人”，指的是古猿到人类的过渡阶段的猿类。处于“这种过渡期间的生物”[②]的猿类，还不会制造工具，尚未最终脱离猿类。这种猿类生物，可以称之为猿，也可以称之为人，恩格斯称之为“正在形成中的人”[③]，列宁称之为“拿棍棒的猿群”[④]。

在东非的肯尼亚、欧洲的希腊以及亚洲的巴基斯坦，中国的云南开远、禄丰等地，曾经发现过距今1 400万—800万年的腊玛古猿。以前的研究认为，“腊玛古猿已处于从猿到人的过渡时期，是人类最早的祖先”[⑤]。从现在看来，腊玛古猿作为过渡时间的化石代表只有相对的合理性，一般把南方古猿（简称南猿）作为“正在形成中的人”的化石代表。

---

① 1957年和1958年，在中国云南省开远县小龙潭上新世初期煤炭层中先后发现了5颗牙齿，原先定名为开远森林古猿，后经研究，改为腊玛古猿。

② 恩格斯：《自然辩证法》，《马克思恩格斯选集》第三卷，第509页。

③ 恩格斯：《自然辩证法》，《马克思恩格斯选集》第三卷，第511页。

④ 列宁：《国家与革命》，人民出版社，1970年，第10页；《列宁全集》第二十五卷，第377页，人民出版社，1958年。按：这两处中文均译作“使用棍棒的猿猴群”，译文不确切，当译作“拿棍子的猿群”（林耀华主编：《原始社会史》，第76—77页，中华书局，1984年）。

⑤ 林耀华主编：《原始社会史》，第25页。

南方古猿距今约550万—100万年，分为粗壮种、纤细种、鲍氏种和阿发种四种类型。国内外古人类学家普遍认为，真人（人属）是从南方古猿的一支进化而来的，多数认为来自南方古猿的纤细种，少数认为来自南方古猿的阿发种。

南方古猿化石在南非、东非有大量发现，在亚洲还只有零星发现。到目前为止，中国尚未发现真正可以确定属于南方古猿的化石。在湖北建始、巴东等地，曾经发现过“南方古猿”的牙齿①；过去将这4枚臼齿归入南方古猿的行列，现在看来它们也可能属于早期直立人。

（二）完全形成的人

中国的古人类学家将“完全形成的人”划分为四个阶段：早期猿人、晚期猿人、早期智人、晚期智人②。1962年，在奥地利勃格·瓦腾·斯坦因举行了“分类与人类进化”专题国际讨论会，与会代表对人科的分类达成了共识。之后，国际人类学界便把已发现的各种猿人化石都归入直立人（Homo erectus）。继直立人之后的是智人

① 高建：《与鄂西巨猿共生的南方古猿牙齿化石》，《古脊椎动物与古人类》，1975年第2期。

② 吴汝康等：《人类发展史》，第112—113页，科学出版社，1978年。

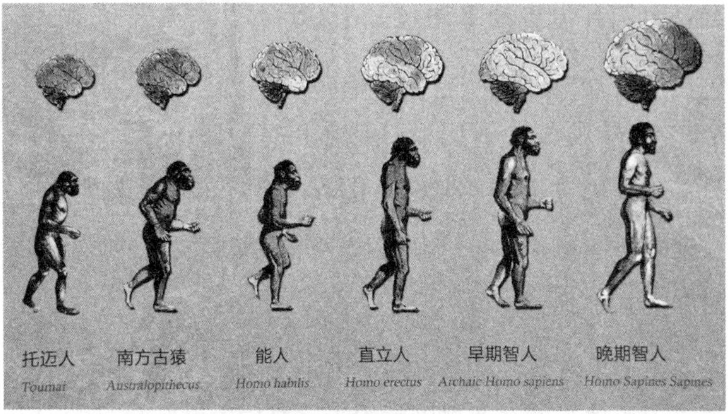

人类演变阶段

(Homo sapiens)。直立人与其前的腊玛古猿和南方古猿是属(genus)的差别，与其后的智人则是种(species)的差别。下面，仍按照中国古人类学家划分的四个阶段来叙述：

1. 早期猿人

早期猿人，或称为“早期直立人”。早期猿人已经具有人的基本特征，已具有适应直立行走的体质结构特点，脑量相对较大，但仍有猿类的某些原始性质。早期猿人已能打制简单的砾石工具，开始创造文化，并能进行有组织的集体劳动，达到了真人的地位，属于完全形成的人。其生存时代距今约300万—200万年或150万年。

早期猿人的化石材料，目前主要发现在非洲和亚洲两地。国外发现的早期猿人化石材料，有东非坦桑尼亚的能人（Homo habilis），肯尼亚库彼福勒的ER1470号、ER1590号和埃塞俄比亚哈达尔的AL199-1号、AL200-1号等。中国发现的早期猿人化石材料，除元谋人化石外，在安徽繁昌人字洞①、山西芮城西侯度曾经发现过属于同一时期的文化遗址。

西侯度文化，中国华北地区旧石器时代早期的文化，位于山西省芮城县西侯度村附近，是中国已知最早的旧石器时代遗存。1959年发现，1961—1962年经过两次发掘。地质时代属早更新世，据古地磁断代初步测定，年代为距今180万年。在该遗址中共发现石制品32件，包括石核、石片和经过加工的石器；还发现了带切痕的鹿角和烧骨，表明这里的确是一处人类活动遗址，而且当时人已经知道用火②。由于西侯度文化具有一定的进步性质，人们有理由相信：中国土地上最早的人类化石及其文化遗物，还应当

---

① 发现于安徽繁昌人字洞古人类活动遗址，距今240万—200万年（《化石》，1999年第1期）。据金昌柱介绍，在该遗址发现了上百件石制品和骨制品，石制品有明显的人工打击痕迹，打击方法为锤击法，无论石片或石核均可见转向打法（潘锋：《安徽繁昌人字洞考古取得重要进展》，《科学时报》，2002年1月28日）。

② 贾兰坡、王建：《西侯度——山西更新世早期古文化遗址》，文物出版社，1978年。

在比更新世更早的上新世地层去寻找①。

元谋人 又叫“元谋直立人”，中国西南地区旧石器时代早期的人类化石。它是迄今所知中国境内年代最早的直立人。1965年发现于云南省元谋县上那蚌村附近。地质时代属早更新世，据古地磁断代，年代为距今170万年。元谋人化石包括2枚上内侧门齿（一左一右），属于同一成年人个体。齿冠保存完整，齿根末梢残缺，表面有碎小裂纹，裂纹中填有褐色黏土。这2枚牙齿很粗壮，唇面比较平坦，舌面的模式非常复杂，具有明显的原始性质②。元

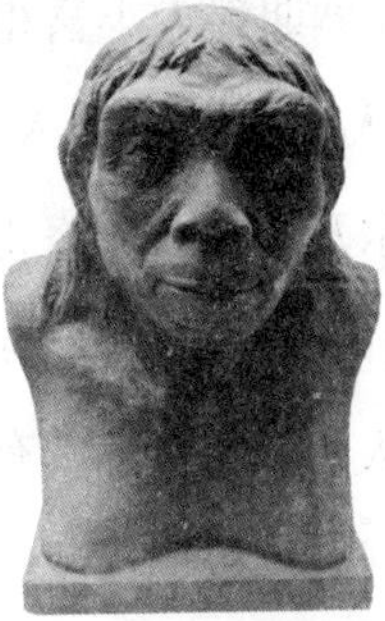

元谋人像

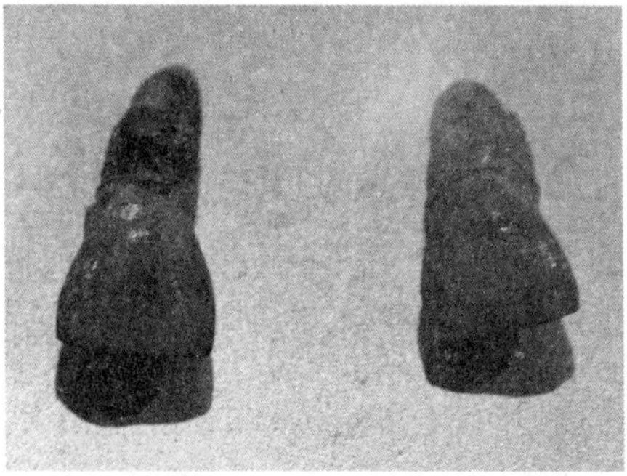

元谋人牙齿化石

① 王建:《西侯度文化》,《中国大百科全书·考古学》, 第559页, 中国大百科全书出版社, 1986年。

② 胡承志:《云南元谋发现的猿人牙齿化石》,《地质学报》, 1973年第1期; 周国兴:《元谋人》, 云南人民出版社, 1984年; 贾兰坡:《元谋人》,《中国大百科全书·考古学》, 第632—633页。

谋人能够制造石器工具，并且知道用火①。

2. 晚期猿人

晚期猿人，又叫“晚期直立人”。包括早更新世后期和中更新世的直立人类型，体质上仍有明显的原始性质。他们的脑量显著增大，能制作较进步的旧石器，并开始用火。其时代距今约200万年或150万—40万年或30万年，在亚、非、欧洲都有发现。无论早期或晚期直立人，都已经产生了人类所特有的社会组织——血缘家族公社，文化上为蒙昧时代中级阶段，或旧石器时代早期。

世界上所发现的晚期猿人的名称，较早期猿人丰富得多。在非洲，有坦桑尼亚的OH9号直立人、李基直立人，肯尼亚库彼福勒的ER3733号直立人，阿尔及利亚和摩洛哥的毛里坦人，可能还包括南非斯瓦特克朗司的“远人”。在欧洲，有德国的海德堡人、法国的阿拉戈人等。在亚洲，有印度尼西亚的爪哇人，中国的蓝田人、北京人、和县人等。

蓝田人　“蓝田人”曾经泛指中国陕西省蓝田县的公王岭和陈家窝两地发现的旧石器时代早期的直立人化石；但不少学者主张，这一名称以专用于公王岭的直立人化石

---

① 贾兰坡：《从工具和用火看早期人类对物质的认识和利用》，《自然杂志》，1978年第5期（创刊号）。

为宜，而另把陈家窝的直立人化石称作“陈家窝人”。公王岭地点的地质时代为中更新世早期，古地磁断代的年代数据一为距今约100万年，一为距今约80万—75万年；陈家窝的地质时代亦属中更新世，古地磁断代的年代数据一为距今约65万年，一为距今约50万年。公王岭化石是亚洲北部迄今发现的最古老的直立人化石。

公王岭人类化石的时代早于北京人，地质时代属中更新世早期。陈家窝的时代晚于公王岭，大致和北京人相当；但也有人认为，陈家窝可能与公王岭相同。但用古地磁测定的年代表明，公王岭地点早于陈家窝地点。

公王岭的头骨化石包括完整的额骨、大部分顶骨、右侧的上颌骨等，同属于一个30多岁的女性个体。原研究者将它命名为“直立人蓝田亚种”，亦可俗称为“蓝田人”。蓝田人头骨有许多明显的原始性质，较北京人和爪哇人为甚。陈家窝的下颌骨属于一个老年女性，其形态总的来说和北京人一致，但也不完全相同。原研究者把这个下颌骨和公王岭的头骨归到一起，称为蓝田人。但不少学者认为，两者显示的原始性质明显不同，两个地点的时代又有先后之分，建议给公王岭头骨另立新种——“蓝田人”；给陈家窝下颌骨以“直立人陈家窝亚种”的学名，亦可俗称“陈家窝人”①。

北京人 学名为“北京直立人”，又称“北京猿人”，俗称“北京人”。中国华北地区旧石器时代早期的人类化石。属直立人。发现于北京市周口店龙骨山的洞穴堆积中，1929 年发现了第一个完整的头盖骨化石。地质时代为中更新世，据铀系法断代、裂变径迹法断代及古地磁断代测定，年代距今约 70 万—20 万年。在体质特征上，北京人的头部保存的原始性质和爪哇人相似，因而同属于直立人发展阶段。北京人的牙齿比现代人的硕大而粗壮，齿面复杂；但又比猿的小，齿面简单。北京人的脑量平均为 1 043 立方厘米，介于猿和现代人之间。在种族特色上，北京人具有明显的现代蒙古人种的特征。北京人遗址的材料，在全世界发现

北京猿人像

① 吴汝康：《陕西蓝田发现的猿人头骨化石》，《骨脊椎动物与古人类》，1966 年第 10 卷第 1 期；贾兰坡：《祖国大陆上的远古居民》，天津人民出版社，1978 年；黄慰文：《蓝田人》，《中国大百科全书 · 考古学》，第 265—266 页。

的同一阶段人类遗址的材料中，是最丰富、最系统的，为研究旧石器时代早期的人类及其文化提供了可贵的资料[①]。

郧县人　中国华中地区旧石器时代早期的人类化石。1975 年发现于湖北省郧县梅铺公社龙骨洞。最初从私人保存的化石堆中找到 1 枚原产于龙骨洞的人门齿化石。同年在该洞又发现人牙齿化石 3 枚和 1 枚打制的石核，4 枚牙齿化石全是左侧的，有上内侧门齿、下外侧门齿、上第二前臼齿和上第一臼齿。它们和北京人、爪哇人的同一部位的牙齿，在大小和特征方面都很相似，说明郧县人属于直立人。从出土的哺乳动物化石看，郧县人的时代可能早于北京人[②]。从出土的哺乳动物化石有较古老的鬣狗和嵌齿象等判断，郧县人距今 100 万—50 万年。

郧西人　中国华中地区旧石器时代早期的人类化石。1976 年发现于湖北省郧西县东的神雾岭白龙洞。地质时代晚于郧县人而与北京人大致相当。发现的化石为两枚完

---

① 贾兰坡:《中国猿人及其文化》，科学出版社，1964年；贾兰坡:《北京人》，《中国大百科全书 · 考古学》，第 37—39 页。

② 吴汝康等:《湖北郧县猿人牙齿化石》，《古脊椎动物与古人类》，1980年第 18 卷第 2 期；许春华:《湖北郧县猿人化石地点的发掘》，《古人类论文集》，科学出版社，1978 年；李炎贤:《华中地区人类化石和旧石器文化》，《中国大百科全书 · 考古学》，第 213—214 页。

整的牙齿，一枚是左下第一前臼齿，一枚是右上第二前臼齿。从石化程度、色泽、大小以及牙尖的磨耗程度看，属于一个中年直立人个体。1977 年和 1982 年对白龙洞进行了发掘，又发现几枚直立人牙齿化石和一些哺乳动物化石[①]。一般认为，郧西人距今 100 万—50 万年。

金牛山人　中国东北地区旧石器时代早期的人类化石。发现于辽宁省营口县田屯村附近的金牛山。1984 年 9 月，北京大学考古系旧石器时代考古实习队在发掘金牛山 A 点洞穴第 6 层时，发现了一批人类化石和用火痕迹。化石有较完整的头骨（缺下颌骨）、脊椎骨、肋骨、髋骨、尺骨等共 50 余件，属于一个刚成年的男性个体。金牛山人的头骨与北京人极为相似，但眉脊没有北京人那样粗壮，骨壁也较薄，表明金牛山人比北京人要稍微进化些。吴汝康认为金牛山人比北京人进步，但有的古人类学者将这种人类化石归入从直立人到早期智人的“过渡类型”[②]。

---

① 李炎贤:《华中地区人类化石和旧石器文化》,《中国大百科全书 · 考古学》, 第 213—214 页。

② 金牛山联合发掘队:《辽宁营口金牛山旧石器文化的研究》,《古脊椎动物与古人类》, 1978 年第 16 卷第 2 期;《辽宁营口金牛山发现的第四纪哺乳动物群及其意义》,《古脊椎动物与古人类》, 1976 年第 14 卷第 2 期; 吴汝康等:《人类发展史》, 科学出版社, 1978 年; 吕遵谔:《金牛山猿人的发现和意义》,《北京大学学报》, 1985 年第 2 期。

和县人 中国东南地区旧石器时代早期的人类化石。属直立人。1980—1981 年发现于安徽省和县陶店镇汪家山北坡石灰岩层中。地质时代为中更新世。和县人化石包括一个近乎完整的头盖骨、两块头骨碎片、一块下颌骨碎片和九枚单个牙齿。头盖骨属一男性青年个体。和县人在形态上具有直立人的许多典型特征，头骨在总的形态上和北京人较为相似，但又有一些较进步的特征，说明和县人是直立人中的进步类型。目前认为它的系统位置与晚期的北京人相当①。

桐梓人 中国西南地区旧石器时代中期的人类化石。1970—1972 年发现于贵州省桐梓县的一个洞穴，共发现了 2 颗人的牙齿化石，其一为老年个体的右上内侧门齿，形态和大小与北京人的门齿相仿；另一枚为年轻个体的右上第一前臼齿，接近于北京人的前臼齿，但“齿根颈”不如北京人那样明显，具有早期智人的特点②。

此外，在山东沂源、河南淅川和南召、辽宁庙后山等

---

① 黄万波等:《安徽和县猿人化石及其有关问题的初步研究》,《古脊椎动物与古人类》, 1982 年第 20 卷第 3 期; 董兴仁:《和县人》,《中国大百科全书 · 考古学》, 第 187 页。

② 张森水:《中国西南地区人类化石和旧石器文化》,《中国大百科全书 · 考古学》, 第 700 页。

地，也发现了晚期直立人的材料；在山西省芮城县匼河、河南省三门峡市、辽宁鸽子洞、湖北省大冶县石龙头、贵州黔西县观音洞等地，也发现了与北京人时代大致相当的文化遗物。

3. 早期智人

早期智人，又叫“古人”，或“尼人”（尼安德特人的简称），包括中更新世后期和晚期的人类。他们在体质上更接近现代人，脑量已与现代人相同，但仍有相当的原始性质。他们已能制作多种形式的石器，并具备人工取火的能力。其时代距今约30万年或20万—5万年，他们可能是由扩大了的区域里的晚期直立人的主要部分演化而成。大约从5万年前开始，逐渐发展为现代世界上的各人种。早期智人文化上为蒙昧时代中级阶段，或旧石器时代中期。

已经发现的早期智人化石很多，分布在欧、亚、非三洲。在欧洲，有德国的尼安德特人、埃林斯多夫人、斯坦汉人，比利时的司派人，法国的莫斯特人、圣沙贝尔人、拉甫勒西人、拉昆那人，南斯拉夫的克拉皮纳人，西班牙的巴诺拉斯人，意大利的萨柯柏托人、蒙特西尔塞人，捷克的库鲁亚人，前苏联的基克·柯巴人等。在非洲，有赞比亚的勃罗根山人（原称罗得西亚人）、摩洛哥的伊尔霍德人、阿扎尼亚的萨丹哈人、利比亚的哈瓦福提斯人等。在亚洲，有特里尼尔的梭罗人，伊拉克的沙尼达人，巴勒斯坦的卡美尔山人，中国的马坝人、大荔人、长阳人、丁村人、许家窑人等。

马坝人 中国东南地区旧石器时代中期的人类化石。1958年发现于广东省曲江县马坝乡狮子山石灰岩溶洞中。地质时代为中更新世末期或晚更新世初期。马坝人化石为一头骨的颅顶部分，包括额骨和部分顶骨，还保存了右眼眶和鼻骨的大部分，属一中年男性个体。马坝人眉脊粗厚，眶后部位明显收缩，额骨比顶骨长，表现出和直立人类似的原始性质。但它的颅骨骨壁较薄，颅穹隆较为隆起，脑量可能较发达（估计超过北京人），又具有智人的进步性质。因而分类上可归于早期智人，代表直立人转变为早期智人的重要

马坝人像

环节[①]。

大荔人 中国华北地区旧石器时代的早期智人化石。发现于陕西省大荔县解放村附近的洛河第三阶地沙砾层中。1978年和1980年两次发掘。地质时代为中更新世末期，大约距今10余万年。大荔人化石为一不足30岁的男性头骨，基本保存完好，但没有下颌骨伴存。大荔人既有直立人的原始性质，又有智人的进步特征，体质特征总体介于直立人和早期智人之间。大荔人头骨面部的一些特点与现代黄种人比较接近，而与欧洲及西亚的早期智人类型相距较远。大荔人代表了智人的一个新的亚种（Homo sapiens daliensis）[②]。

长阳人 中国华中地区旧石器时代中期的人类化石。1956年发现于湖北省长阳县西南下钟家湾村一个称为"龙洞"的石灰岩洞穴中，1957年由贾兰坡主持进行发掘。地质时代为晚更新世早期。长阳人化石包括一件不

---

① 吴汝康、彭汝策：《广东韶关马坝发现的早期古人类型人类化石》，《古脊椎动物与古人类》，1959年第1卷第4期；董兴仁：《马坝人》，《中国大百科全书·考古学》，第299页。

② 吴新智：《陕西大荔县发现的早期智人古老类型的一个完好头骨》，《中国科学》，1981年第2期；吴新智：《大荔人》，《中国大百科全书·考古学》，第77页。

完整的、保留有第一前臼齿和第一臼齿的上颌骨，以及一颗单独的左下第二前臼齿。长阳人既保留了早期智人的若干原始性质，又有许多与现代人相近的进步性质。从总体看，长阳人所具有的进步性质比原始性质要多，明显地比北京人进步。长阳人化石不仅在考古学、古人类学研究上具有重要价值，而且对第四纪地质学的研究也具有重要意义①。

许家窑人 中国华北地区旧石器时代早期末或中期初的人类化石。属直立人向早期智人过渡的类型，也有人认为是早期智人。发现于山西省阳高县许家窑村和河北省阳原县侯家窑村之间。地质时代为中更新世末或晚更新世初，据铀系法断代距今约10万年。最初发现于1973年，1974—1975年进行了发掘。许家窑人的化石近20件，包括较完整的顶骨3件、枕骨2件，附着部分牙齿的左上颌骨1件等。许家窑人的头骨相当厚，厚度超过了尼安德特人的最大值，达到了北京人的平均值。一般认为它具有从直立人向早期智人过渡的性质。

丁村人 中国华北地区旧石器时代中期的人类化石。

---

① 吕遵谔:《长阳人》,《中国大百科全书·考古学》, 第64—65页。

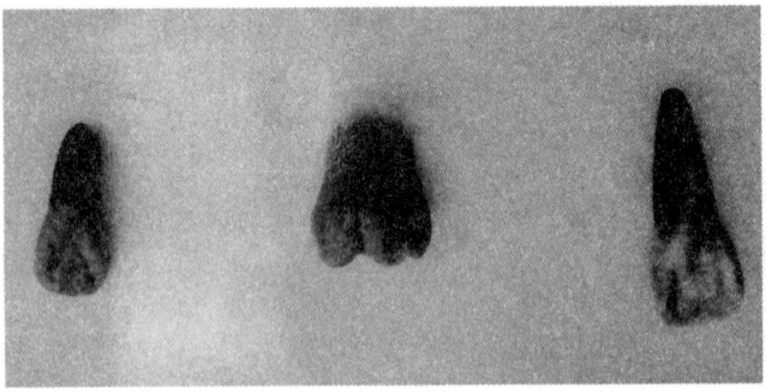

丁村人化石

位于山西省襄汾县丁村[①]，1954年发掘。地质时代为晚更新世早期。丁村人化石包括3枚牙齿，一为上内侧门齿，一为上外侧门齿，另一为下第二臼齿，全是右侧的。从磨损程度估计，为一个十二三岁的少年。门齿与现代蒙古人种没有明显差别，其中上外侧门齿与内蒙古河套人的十分相似；下第二臼齿比北京人进步，但仍比现代人的臼齿原始。从3枚牙齿的形态可以看出，丁村人是介于北京人与现代人之间的人类[②]。

巢县人 1982年，在安徽省巢县银山石灰岩溶洞发现

① 贾兰坡、卫奇:《阳原许家窑旧石器时代文化遗址》,《考古学报》, 1976年第2期；贾兰坡等:《许家窑旧石器时代文化遗址1976年发掘报告》,《古脊椎动物与古人类》, 1979年第17卷第4期；卫奇:《许家窑人》,《中国大百科全书·考古学》, 第589—590页。

② 裴文中等:《山西襄汾县丁村旧石器时代遗址发掘报告》, 科学出版社, 1958年；王建:《丁村遗址》,《中国大百科全书·考古学》, 第93—94页。

了被称为“巢县人”的人类枕骨化石。巢县人类枕骨化石基本形态具有早期智人的典型特征，与北京猿人在总的形态上有明显的区别，应归属于早期智人。其地质时代大致相当于北京猿人遗址1—4层的时代或稍晚，但晚于和猿人①。

4. 晚期智人

晚期智人 又叫“新人”或“智人”。晚期智人通常也叫“现代人”，但作为严格的科学概念的“现代人”，应该只局限于指新石器时代以后的人类，即1万年前至今的人类；包括晚更新世后期直到现代的人类，体质上即使在晚更新世后期，也已与现代人基本相似。晚期智人大约从5万年前开始到1万年前，处于蒙昧时代高级阶段，或旧石器时代晚期。氏族公社已经确立，创造了雕刻和绘画艺术，出现了各种装饰品。

晚期智人实际已经遍布全球，逐渐发展成为现代全世界的各色人种或种族。在欧洲，有法国的克罗马农人、孔姆卡佩尔人，德国的奥培卡塞人，摩洛哥的格里马底人，捷克的布尔诺人、普勒德摩斯特人等。在非洲，有阿尔及利亚的阿法卢·布·罗曼尔人，得兰士瓦的斯普灵布

① 计春华等:《安徽巢县方向的人类枕骨化石和哺乳动物化石》,《人类学报》, 第3卷第3期。

克人、保司柯人等。在澳洲，有澳大利亚的塔尔盖人（也称原古澳洲种人）等。在美洲，有墨西哥的特佩克斯潘人，美国加利福尼亚州的阿林吞水泉、德克萨斯州的米特兰特等地也发现了晚期智人的骨骼化石。在亚洲，有日本的三日人、牛川人、山下洞人、港川人，在朝鲜平安南道德川郡的胜利山洞穴也发现了早期智人和晚期智人的化石材料，在印度尼西亚爪哇岛的瓦却克也发现过晚期智人类型的头骨化石。晚期智人在中国的分布颇为广泛，遍及华北、华南、西南、东北和内蒙古等地区。

山顶洞人　中国华北地区旧石器时代晚期的人类化石。因发现于北京市周口店龙骨山北京人遗址顶部的山顶洞而得名。1930 年发现，1933—1934 年进行了发掘。地质时代为晚更新世末，据放射性碳素断代，年代为距今 18 865 ± 420 年。山顶洞的人类化石共代表 8 个男女老少不同的个体。山顶洞人的体质已很进步，脑量已达 1 300—1 500 毫升，和现代人相一致。男性身高约为 1.74 米，女性为 1.59 米。山顶洞人代表原始蒙古人种，但个体之间尚有一些差异，表明当时蒙古人种正在形成之中，一些形态细节尚未充分形成①。

① 吴新智：《山顶洞人的种族问题》，《古脊椎动物与古人类》，1960 年第 2 卷第 2 期；吴新智：《周口店山顶洞人化石的研究》，《古脊椎动物与古人类》，1961 年第 3 期；贾兰坡：《中国大陆上的远古居民》，天津人民出版社，1978 年；吕遵谔：《山顶洞人》，《中国大百科全书 · 考古学》，第 432—433 页。

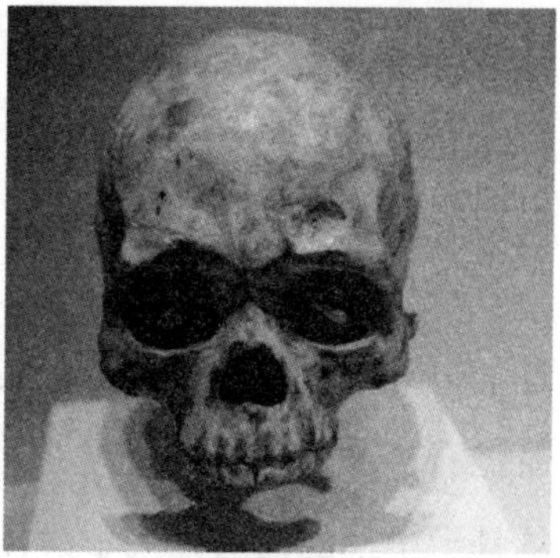

柳江人头骨

柳江人 中国西南地区旧石器时代晚期的人类化石。1958年发现于广西壮族自治区柳江县新兴农场通天岩旁的一个洞穴中。地质时代为晚更新世。柳江人的全部化石包括一个头骨（缺下颌骨）、两段股骨，还有髋骨、骶骨和椎骨。除股骨可能属于女性外，其余都属于同一个中年男性个体。体骨和股骨显示出柳江人的身体较矮小，与现代东南亚人比较接近。柳江人属于蒙古人种。柳江所处的地质时代比山顶洞人和资阳人早，因此，柳江人代表蒙古人种的一种早期类型，它是中国以至整个东亚迄今所发现的最早的晚期智人化石①。

安图人 中国东北地区旧石器时代晚期的人类化石。1964年发现于吉林省安图县明月镇附近的一个洞穴中。地质时代为晚更新世。放射性碳素断代为距今35 370 ± 1 850—26 560 ± 550年。安图人化石只有一颗保

① 吴汝康：《广西柳江发现的人类化石》，《古脊椎动物与古人类》，第1卷第3期；邱中郎：《柳江人》，《中国大百科全书·考古学》，第284页。

存完整的右下第一臼齿，颊尖和舌尖的形状与现代人相似。嚼面的釉质磨损较重，齿质暴露，估计为中年人，曾患龋齿病和牙周萎缩症[①]。

建平人 1957年，在辽宁建平县建平镇收集的“龙骨”中发现了一截古人类右侧肱骨化石，据鉴定属男性骨骼化石。从骨干外侧面桡神经沟较浅看，近似早期智人；从骨干中部的前后径大于横径看，又与现代人接近，应属晚期智人阶段的人类。其形态与山顶洞人的肱骨相似[②]。

河套人 又称“萨拉乌苏人”。中国华北地区旧石器时代晚期的人类化石。1922—1923年首次发现于内蒙古自治区乌审旗萨拉乌苏河沿岸，之后又陆续进行了考察和发掘。地质时代为晚更新世，有额骨、枕骨、下颌骨、肩胛骨、胫骨等。据放射性碳素断代和铀系法断代，年代为距今约5万—3.5万年。河套人化石共有23件，其体质特征已很接近现代人，但仍保留了一些原始性质，与现代蒙古人种接近[③]。

---

① 吕遵谔：《安图人》，《中国大百科全书·考古学》，第18—19页。

② 吴汝康：《辽宁建平人类上臂骨化石》，《古脊椎动物与古人类》，1961年第3卷第4期。

③ 吴汝康：《河套人类顶骨和股骨化石》，《古脊椎动物学报》，1958年第2卷第4期；董光荣、高尚玉、李保生：《河套人化石的新发现》，《科学通报》，1981年第26卷第19期；黄慰文：《萨拉乌苏遗址》，《中国大百科全书·考古学》，第415—416页。

资阳人　中国西南地区旧石器时代晚期的人类化石。1951年在四川资阳县城西黄鳝溪修建铁路桥时，在桥墩基坑中发现了一个较为完整的头骨。同年由裴文中主持发掘，又出土一件骨锥，地质时代为晚更新世。资阳人为一老年女性个体，其基本特征和现代人相似，但也保留了若干较原始的性质①。

资阳人头骨

丽江人　中国西南地区旧石器时代晚期的人类化石。1956年，在云南省丽江县西南木家桥村南采集到3件人类股骨化石；1963年，又在沙砾层中发现了一些动物化石和石制品；1964年，又出土了1件少女头骨。据哺乳动物化石判断，地质年代属晚更新世后期。丽江人的头骨形态与现代人十分接近，具有明显的蒙古人种的特征。它的发现，扩大了中国西南地区旧石器时代文化的分布范围，为在滇北地区进一步寻找旧石器时代的遗存提供了线索②。

---

① 裴文中：《资阳人》，科学出版社，1957年。

② 张森水：《丽江人地点》，《中国大百科全书·考古学》，第270页。

左镇人 中国东南地区旧石器时代晚期的人类化石。1971年首次采集于台湾台南县左镇莱寮溪，为一右顶骨残片。其后又陆续采集到顶骨、额骨、枕骨和单个牙齿。根据对化石中氟、锰含量的测定，估计其年代为距今3万年至2万年。该头骨应属一年轻个体，并且属于男性的可能性比属于女性的可能性为大。左镇人可能是由大陆渡海移居台湾的，与山顶洞人的时代大体相同。左镇人的发现，将人类开发台湾的历史至少提前了1万年①。

下草湾人 中国东南地区旧石器时代晚期的人类化石。1954年发现于江苏下草湾。发现时已经脱离了原生层位，为一右侧上半段股骨，形态较现代人原始。有人认为它的时代可能属于晚更新世②。

除此之外，中国的晚期智人还有山西的峙峪人、山东的新泰人、广西来宾的麒麟山人等。在辽宁省的建平、海城、丹东，甘肃泾川等地，也发现了晚期智人的材料。

（彭　华）

---

① 连照美:《台南县菜寮溪的人类化石》,《考古人类学刊》, 1981年第42卷；吕遵谔:《左镇人》,《中国大百科全书·考古学》, 第730页。

② 董兴仁:《中国东南地区人类化石和旧石器文化》,《中国大百科全书·考古学》, 第657页。

三　旧石器·火

人是文化动物，人与动物的根本区别在于它的文化性。

考古材料说明，人的文化机制形成是极其漫长的，长达数百万年。这是因为文化主体也在形成之中。这个漫长的时代，被考古学界称之为“旧石器时代”。

（一）石器

石器，以石头为原料制作的工具。它是人类最初的主要生产工具。考古学家和历史学家把人类以石器作为生产工具的漫长历史发展阶段称作石器时代。考古学家又根据石器的制造方式，将石器时代划分为旧石器时代、中石器时代和新石器时代（基耶里克在新石器时代和青铜时代之间增加一个铜石并用时代）①。以使用打制石器为主的

① 令人惊讶的是，这种按照工具的器质来划分时代的方法，中国“古已有之”。据《越绝书》（卷十一）记载，战国人风胡子划分的时代恰好与此相对应：“轩辕、神农、赫胥之时，以石为兵”（石器时代），“黄帝之时，以玉为兵”（玉器时代），“禹穴之时，以铜为兵”（铜器时代），“当此之时，作铁兵”（铁器时代）。

阶段，称之为旧石器时代；使用打制或琢制石器，但磨制石器还没有出现的阶段，称之为中石器时代；以使用琢制和磨制石器为主的阶段，称之为新石器时代。人类使用旧石器的时代最为长远，约占人类300万年历史的299万年。

石器时代的人类用以制造石器的石材，是经过选择的。只有那些既容易打制，又比较耐用的石料，才适合制作石器。

选择的岩石和矿物要有一定硬度，并且容易打制、能产生合乎需要刃口的石片，所以岩石还必须具有韧性和脆性。原料大致有三类：一是硬度大的矿物，如火石、浅燧石、石英、玛瑙、碧玉、黑曜石和软玉；二是硬度较大的火成岩，如安山岩、流纹岩、玄武岩、辉长岩和绿辉岩；三是质地稍软的水成岩，如页岩、砂岩等。

古人类砍砸器

石料往往因地制宜，就地取材。石材的来源大体有三种：一是采集砾石，从住地附近的河滩、山谷和海滩上采集砾石，这是最普遍的一种方法；二是开采石料，在山上开采石料，并就地打成石器的粗坯，如内蒙古呼和浩特东郊南山大窑村遗址①、广东南海西樵山遗址②、山西怀山鹅毛口遗址③，都属于采石场和制造场遗址；三是贸易交换，通过以物易物的方式，来获得附近所不出产的石材，如软玉、绿松石、黑曜石等比较珍贵或性能较好的石材，多采用这种方式。

旧石器的制作工艺为打制。打制石器的制作，一般分两个步骤：第一步是打片，第二步是加工。打片的方法又有三种：一是直接打击法，用石锤直接打击石核以剥离石片，这是最常见的一种打法；二是砸击法，把石核放在石砧上用石锤砸击；三是间接打击法，细石器多采用这一方法。这是一种原始方法，从旧石器时代起即被广泛应用，直到新石器时代甚至更晚的时期仍然使用。

旧石器的类别和器形可分为：

---

① 内蒙古自治区博物馆、内蒙古自治区文物工作队：《呼和浩特市东郊旧石器时代石器制造场发掘报告》，《文物》，1977 年第 5 期。

② 李仰松：《西樵山遗址》，《中国大百科全书 · 考古学》，第559页；黄慰文等：《广东南海县西樵山遗址复查》，《考古》，1979 年第 4 期。

③ 贾兰坡等：《山西怀山鹅毛口石器制造场遗址》，《考古学报》，1973年第2 期。

石核石器

1. 砾石石器

也称石核石器。从砾石或石材上打下石片，以剩下的石核作为工具来使用。典型的代表有丁村遗址的三棱大尖状器。习惯上把两面刃的砾石石器称为敲砸器，单面刃的称为砍斫器，在砾石周缘加工的称为盘状器。

单直刃刮削器——骨刀

2. 石片石器

系用石片或石叶加工而成，主要有刮削器、尖状器和雕刻器等器形，延续使用的时间比较长。

中国旧石器时代早期文化的石器，不论是华北还是华南，一般都是石片和用石片制造的工具占重要地位，并以单片加工为主。

就目前所发现的旧石器时代的文化遗物而言，华北地区很早以来就有不同的区域特性类型和不同的技术系统。华北地区旧石器文化的发展基本上可分为两大文化传统

旧时器时代刮削器

系统：一是“匼河—丁村系”，或称之为“大石片砍砸器—三棱大尖状器传统”，富有代表性的石器是三棱大尖状器，其基本特征是利用宽大的石片制造各种类型的大砍砸器；另一个系统是“周口店第一地点（北京人遗址）—峙峪系”，或称之为“船头状刮削器—雕刻器传统”，其基本特征是利用不规则小石片制造细石器。①

年代较早的西侯度文化（距今180万年），使用锤击、砸击和碰砧方法生产石片，体积较小的漏斗状石核和利用台面上脊棱为打击点的存在，表明打片技术已经达到一定的水平。石器是龙山时代农业、手工业等部门的主要生产工具，占据着相当重要的地位。从考古发现可以看出，这一时期作为农具的石器有石斧、石耜（大石铲）、石镢、石犁、石刀、石镰等；作为渔猎的石质工具有石矛、石

① 贾兰坡、盖培、尤玉柱：《山西峙峪旧石器时代遗址发掘报告》，《考古学报》，1972年第1期；贾兰坡、卫奇：《阳高许家窑旧石器时代文化遗址》，《考古学报》，1976年第2期。

镞、弹丸、网坠、石球等；作为石质的手工业工具有斧、锛、凿、锥、锤、纺轮等。

（二）木器、骨角器和弓箭

木器也是早期人类使用的工具之一，但因木器的制造需要借助于石器或骨器，所以它出现的时间较石器为晚。从旧石器时代中期出现了较完善的尖状石器迹象看，很可能当时的古人类已经开始把斧头、尖锤、刮刀等石制工具安装在木柄之上。到了旧石器时代晚期，木器被广泛应用当属无疑。直至今日，木器仍在生产和生活中使用。

木器因易腐烂而不便保存，所以考古发现的木器材料极少，但民族学和古文献提供了这方面的材料。西藏珞巴族人在狩猎、采集时，使用的是尖木棒、木质鹤嘴锄；居住在大兴安岭的鄂伦春族、鄂温克族，使用尖木棒、木钩采集野果、野菜；四川彝族把木器、竹器作为生产、生活中不可缺少的工具。另据古文献记载，人类确实经历过一个使用木器的时代。《周易・系辞下》："包牺氏没，神农氏作，斫木为耜，揉木为耒。……（黄帝、尧、舜之时）断木为杵，掘地为臼。"《商君书・画策》："昔者，昊英之世，以伐木杀兽，人民少而木兽多。"《吕氏春秋・孟秋纪・荡兵》:“未有蚩尤之时，民固剥林木以战矣，胜者为长。”北京人洞穴内所发现的工具除石器外，还有木器、骨器等[①]。

和木器一样，骨角器出现的时间也较石器为晚。因为骨角器的制作也需要借助于其他石器工具，即利用坚硬的石器把骨料劈裂成可以应用的形式，然后再加以雕琢，这是骨角器出现必须具备的第一个条件。骨角器出现必须具备的第二个条件是，只有当狩猎成为生产部门之一，并且提供了制作骨角器的原料（动物骨骼）之后，骨角器才有可能出现。就目前所掌握的考古材料而言，骨角器出现的

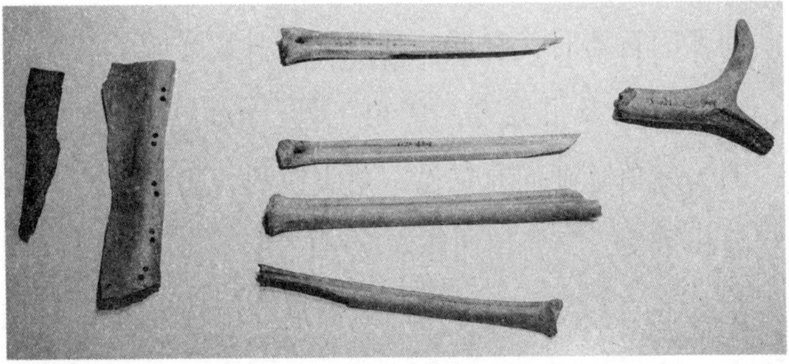

骨角器

---

① 贾兰坡:《“北京人”的故居》, 北京出版社, 1958年; 贾兰坡:《周口店——“北京人”之家》, 北京: 人民出版社, 1975 年; 贾兰坡:《北京人》, 中华书局, 1979 年; 邱中郎等:《周口店新发现的北京猿人化石及文化遗物》,《古脊椎动物与古人类》, 1973 年第 11 卷第 2 期。

时间是在旧石器时代中期，在旧石器时代晚期得到较为广泛的使用。

按用途划分，骨角器可以分为以下几类：（1）生产工具和武器类，如骨刀、骨镞、矛头、鱼钩等；（2）日常用具类，如骨刮、骨钻、骨针等；（3）装饰品类，如骨制的头饰、耳饰、牙制的项圈、贝制的臂钏等；（4）艺术品类，如做人类或动物造型的艺术品。骨角工具中最为重要的，恐怕要算投矛器和雨叉了。

骨器一般以牛、马、鹿等的臂骨和腿骨为原料，其类型多模仿石器中的尖状器，所以最初的骨器多为尖形工具。到了旧石器时代晚期，骨器的原料又增加了鸟骨、鱼骨、动物牙齿及贝壳等。骨角工具一般以鹿角为原料制成；因为鹿角坚硬而有韧性，角尖锐利，几乎就是天然的尖状器和矛头，只要稍加修饰就可使用。

在属于旧石器时代中期的欧洲尼安德特人遗址和中国许家窑遗址、丁村遗址中，普遍发现了加工痕迹的以骨片为原料的骨器。在属于旧石器时代晚期的山顶洞人遗址中，有磨光的亦鹿角，角尖锋利，似乎是残破的矛头；山顶洞人遗址还出土了骨针，针身圆滑，针尖锐利，用尖状器以相当巧妙的刮挖技术在针身的一端刮挖出一个窄小的针眼；

该遗址同时出土了做装饰品之用的骨角器，如磨光的骨管、穿孔的兽牙和贝壳、钻孔的青鱼眼上骨等①。在峙峪遗址中，发现了有简单刻画条痕及打制痕迹的兽骨片，还有一件骨制的尖状器，器形规范，是用动物的长骨片制成的，在打制方式上类似这个遗址的雕刻器②。在另外几处属于旧石器时代晚期的遗址中，出土了骨锥。四川资阳人使用的骨锥，以一片三棱形的骨片制成，锥身通体磨光，锥尖经长期使用已经变钝，制作较精细③。广西柳州白莲洞内发现过一件扁尖骨锥，湖南桂阳也发现过有刻纹的骨锥。

弓箭是常用的狩猎工具，其使用历史非常悠久，意义也至为重大。考古学家认为，弓箭是“中石器时代”的特征之一；摩尔根认为，弓箭的发明是蒙昧时代高级阶段开始的标志；恩格斯认为，弓箭的作用堪与铁器、火器媲美，“弓箭对于蒙昧时代，正如铁器对于野蛮时代和火器对于文明时代一样，乃是决定性的武器”④。

---

① 贾兰坡：《山顶洞人》，第 60、63、71 页。

② 贾兰坡等：《山西峙峪旧石器时代遗址发掘报告》，《考古学报》，1972 年第 1 期。

③ 裴文中：《资阳人》，科学出版社，1957 年。

④ 恩格斯：《家庭、私有制和国家的起源》，《马克思恩格斯选集》第四卷，第 19 页。

关于弓箭的出现和使用，中国古代有所谓“后羿作弓”的传说：“古者羿作弓”(《墨子·非儒》)，“夷羿作弓”(《吕氏春秋·审分览·勿躬》)。大概因为后羿善于射箭，故而将弓箭的发明归之于后羿。后羿是夏朝时期的人物，但中国弓箭的使用却远远早于夏朝。

就目前所掌握的材料而言，早在旧石器时代的晚期，就已经发现了弓箭使用的箭头——石镞。山西朔县峙峪文化的石镞是用薄而长的燧石石片做成的。石镞的一头有很锋利的尖，一侧边缘经过很精细的加工，另一侧保持了石片原来的锋利边缘；另一头的两侧经过修理，宽度较窄，是较短的镞桯。从外观看，它类似内蒙古细石器文化中的石镞，从大小、厚薄、加工部位观察，确实与石镞接近。该遗址同时出土了120匹野马个体和88头野驴个体的牙齿化石，这也说明它确实是作为石镞来使用的①。峙峪文化遗址距今2.8万多年，所以这是中国发现的较早的一件石镞。在山西省沁水县下川遗址中（距今2.3万—1.6万年），共发现了13件石镞，分圆底和尖底两类，虽然说还比较原始，但从它的加工、形制以及大小看，完全具备了

① 贾兰坡等：《山西峙峪旧石器时代遗址发掘报告》，《考古学报》，1972年第1期。

镞的特点，“与新石器时代的细石器文化中的圆底镞基本一致”①。弓箭的发明，是中国原始人的一大创新，标志着中华文明又迈上了一个新的台阶，因为“弓、弦、箭已经是很复杂的工具，发明这些工具需要有长期积累的经验和较发达的智力，因而也要同时熟悉其他许多发明”②。

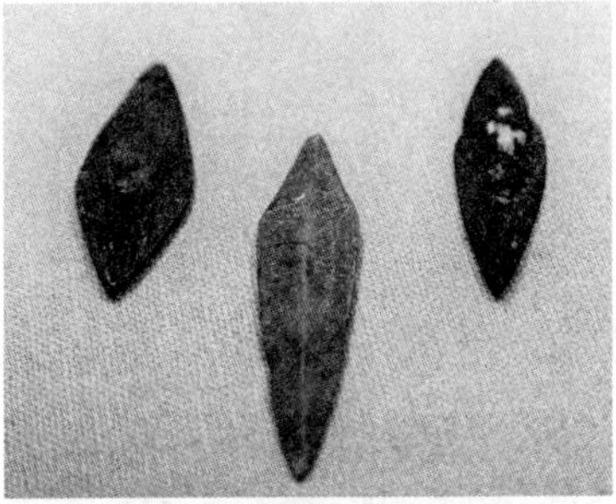

石镞

（三）火的使用

火的发明和使用，在人类进化史上有着非同寻常的意义。恩格斯认为，火的利用和动物的驯养，是人类进化史上“两种新的有决定意义的进步”③。人类对火的控制，是人类制作第一把石刀之后，在人类历史上发生的第一件大事。

---

① 王建等：《下川文化——山西下川遗址调查报告》，《考古学报》，1978年第3期。

② 恩格斯：《家庭、私有制和国家的起源》，《马克思恩格斯选集》第四卷，第18页。

③ 恩格斯：《劳动在从猿到人转变过程中的作用》，《马克思恩格斯选集》第三卷，第514页。

古代钻火石

这一伟大创造，在人类发展史和人类文化史上，有着极其重要的意义①。

在中国古代，曾经有过所谓“燧人氏钻燧取火”的传说，“上古之世，……民食果蓏蜯蛤，腥臊恶臭而伤害腹胃，民多疾病。有圣人作钻燧取火，以化腥臊，而民说之，使王天下，号之曰燧人氏”（《韩非子·五蠹》）。类似的说法，又见于《礼记·礼运》：“昔者……未有火化，食草木之实、鸟兽之肉，饮其血，茹其毛。……后圣有作，然后修火之利，范金合土，以为台榭、宫室、牖户，以炮，以燔，以亨（烹），以炙，以为醴酪。”这两条材料，可以说是真假掺半：说它真，是因为古人已经认识到，人类确实经历过“茹毛饮血”的生食阶段，然后才有火的发明和使用，人类由此进入熟食阶段；说它假，是因为古人将火的发明归之于某一“圣人”（如燧人氏）名下，此说不可尽信——中国

① 贾兰坡等：《人类用火的历史和火在社会发展中的作用》，《历史教学》，1956年第12期。

向来有将某种发明创造归于某位圣人的传统。

东晋王嘉《拾遗记》的一段佚文说，遂明国初时不识四时昼夜，“有大树名遂木，屈盘万顷。后世有圣人，游日月之外，至于其国，息此树下。有鸟啄树，粲然火出；圣人感焉，因用小枝钻火，号燧人氏”(《太平御览》卷七十八引)。这一则佚文又透露出人类用火的另外一个“信息”，即先有自然火的利用，然后才有人工取火的发明。而这种划分，恰好符合人类用火的实际情形。中国的人工取火，主要是摩擦取火，即《庄子·外物》所说的“木与木相摩则然（燃）”。

随着考古发掘的扩大和研究的深入，目前对于原始人的用火历史，已经有了比较明确而科学的认识。根据现有的资料分析，人类同火的关系大致经历了三个阶段：（1）不知道用火；（2）开始利用和保存天然火；（3）学会造火，即能够产生新火。

位于山西省芮城县的西侯度文化遗址，是中国已知最早的旧石器时代遗存。据古地磁断代初步测定，年代为距今180万年。在该遗址中发现了带切痕的鹿角和烧骨，表明当时人已经知道用火，这大大提早了人类用火的历史①。

① 贾兰坡、王建：《西侯度——山西更新世早期古文化遗址》，文物出版社，1978年。

贾兰坡根据元谋人遗址出现的炭屑，综合世界各地资料比较分析，认为170万年前的元谋人已经知道用火[①]。这样，就把人类用火的历史，从北京人提前了100多万年。在“北京人”居住过的洞穴中，发现了许多木炭，还有很厚的灰烬层，灰烬和被烧过的东西都一堆一堆地堆放于一定的地区。据此判断，北京人当时已经知道用火，并且还有一定的控制火和管理火的能力[②]。

跟国外比较，中国用火的历史显然更为久远，因为不论是亚洲的爪哇人，还是非洲的能人，其化石地层中均没有用火的痕迹。但元谋人、北京人以及西侯度文化时期的中国人，使用的还是天然火，尚未学会造火。

除元谋人、北京人以及西侯度文化遗址外，中国境内发现的用火遗迹很多。如发现于北京市王府井的东方广场遗址，碳14测定，该遗址上文化层距今24 240 ± 300年，下文化层距今24 890 ± 350年，考古学上属于旧石器时代

---

① 贾兰坡：《从工具和用火看早期人类对物质的认识和利用》，《自然杂志》，1978年第5期（创刊号）。

② 贾兰坡：《“北京人”的故居》，北京出版社，1958年；贾兰坡：《周口店——“北京人”之家》，北京：人民出版社，1975年；贾兰坡：《北京人》，中华书局，1979年；邱中郎等：《周口店新发现的北京猿人化石及文化遗物》，《古脊椎动物与古人类》，1973年第11卷第2期。

晚期，地质年代属晚更新世（年代更古老的还有西单中银大厦遗址[①]）。其中也有丰富的用火遗迹，如烧骨、烧石、木炭、灰烬等。研究认为，东方广场遗址与北京山顶洞人、山西峙峪和黑龙江阎家岗遗址在文化上有密切关系[②]。1974年在辽宁营口市金牛山发现了金牛山人。估计距今二三十万年，地质年代属中更新世中期，考古学上属旧石器时代中期。金牛山人的头骨与北京人极为相似，但眉脊没有北京人那样粗壮，骨壁也较薄，表明金牛山人比北京人要稍微进化些。在遗址中除发现了一些打制石器外，还有烧土块、灰烬、炭粒、烧骨等用火痕迹。位于辽宁省喀左县瓦房村的鸽子洞，在1973年和1975年进行过发掘，发现了打制石器、动物化石和用火痕迹等。其年代属于旧石器时代中期，约为中更新世到晚更新世的过渡期[③]。位于河北阳原县阳原盆地桑干河左岸的虎头梁一带，属于旧石器时代晚期（较晚阶段）遗址，1972—1974年连续进行了

① 李超荣等:《北京西单发现的旧石器》,《人类学报》, 2000年第19卷第1期。

② 李超荣等:《北京市王府井东方广场旧石器时代遗址发掘简报》,《考古》, 2000年第9期。

③ 孙守道:《辽宁喀左鸽子洞旧石器文化遗址首次探掘报告》,《东北亚旧石器文化》, 1994年, 第145—159页。

发掘[①]。在 73101 地点，同一平面清理出了三个篝火遗迹，发现的石器成品（打制石器）中较多的是投射器头，动物遗骨多属老年个体。综合各种现象判断，73101 地点当是一处猎人的宿营地，人们在此居住的时间不长。从石器类型和制作技术来看，属华北以小石器为显著特征的文化传统[②]。

以上所述几处文化遗址，均属于使用天然火的阶段。发现于北京西南周口店龙骨山的山顶洞人（距今约 1.8 万年），已经能够人工取火[③]。中国境内原始人人工取火的历史，可能要早于山顶洞人的年代。发现于内蒙古的萨拉乌苏遗址（河套人遗址），据放射性碳素断代和铀系法断代，距今约 5 万—3.5 万年，遗址内有用火痕迹。有研究者推测，河套人已经能够人工取火，因为河套人的遗址有灰烬和烧骨，但不像北京猿人洞穴有很厚的灰层[④]。

火的使用，对猿人体质的发展、对他们的生存和生

① 《虎头梁旧石器时代晚期遗址的发现》,《古脊椎动物与古人类》, 1977 年第 15 卷第 4 期。

② 中国社会科学院考古研究所:《新中国的考古发现和研究》, 第23—24页。

③ 贾兰坡:《山顶洞人》, 上海龙门联合书局, 1953年; 贾兰坡:《中国猿人》, 中华书局, 1962 年; 吴新智:《山顶洞人的种族问题》,《古脊椎动物与古人类》, 1960 年第 18 卷第 3 期。

④ 王明阁:《先秦史》, 第 47 页, 黑龙江人民出版社, 1983 年。

活，都起了重大的作用：（1）由于有了火，人类摆脱了“茹毛饮血”的生活，开始熟食。由于有了熟食，不但增加了食物的种类，而且扩大了食物的范围。（2）由于有了熟食，大大缩短了咀嚼和消化食物的过程，减少了疾病，增加了营养。这对于猿人体质的提高、脑髓的发展等，其意义非同凡响，使他们更快地摆脱猿类的特征。（3）由于火可以用于御寒，这就扩大了猿人生活的地区。他们可以克服气候的限制，长期生活在气温多变的温带，也可以生活在寒冷的地区。自从使用火以后，“人类从原来居住的地区扩展到地球的大部分”[1]。（4）火可以用于照明和取暖，驱走阴暗潮湿，这大大地改善了猿人的居住条件。（5）火可以用于防御野兽，加强了人类的自卫能力，减少了猛兽的威胁。火是人类从自然界获得解放的一个巨大的推动力，“就世界性的解放作用而言，摩擦生火还是超过了蒸汽机，因为摩擦生火第一次使人支配了一种自然力，从而最终把人同动物界分开”[2]。

（彭　华）

---

① 马克思：《摩尔根〈古代社会〉一书摘要》，第1页，人民出版社，1965年。
② 恩格斯：《反杜林论》，《马克思恩格斯选集》第三卷，第154页。

四　传说中的童年时代

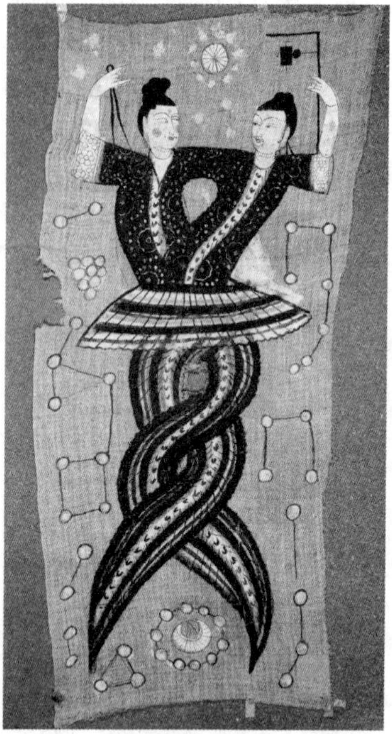

伏羲女娲图

每个民族都有自己生成和发展的神话和传说，中华民族当然也不例外，盘古开天辟地、女娲抟土造人等此类的神话和传说在中国可谓家喻户晓、尽人皆知。这些神话和传说是中华原始先民与自然和种种危难作斗争的反映，也是他们的生活方式和生活经验的曲折表现。中华先民经过猿人、古人、新人的阶段，在大约六七千年前开始进入母系氏族公社的繁荣时期，之后，经过 1 000 年左右的时间开始迈进父系氏族社会。他们活动的事迹，通过这些神话和传说存在于古文献里。因为这些神话和传说所涉及的时代发生在有文字可考的历史之前，因此称他们为“史前传说”。当时人们的思想还处在蒙昧与混沌状态，在各个方面都远未成熟，还属于人类的童年时代。

（一）典籍中所见的史前传说

有巢、燧人、伏羲、女娲、神农是最常见的史前传说，他们中最早见于典籍的是女娲。《天问》是一篇叙述当时神话和传说的伟大史诗，相传为战国末年屈原的作品[①]。其中便谈到了女娲：“女娲有体，庶制匠之？”意思是说：女娲既然有自己的身体，那么她的身体又是谁制造的呢？这句询问表现了作者追根究底的精神。虽然《天问》中关于女娲的事迹只讲了一句话，但可以肯定，在作者的时代，女娲故事流传比较广泛，正因为如此才使作者产生了质疑，而作者的质疑是建立在大家都了解故事背景的基础上的。所以可以这样说，至迟在战国，女娲的故事已经

① 但有人持怀疑态度，认为其写作年代应该在战国早期。参看顾颉刚：《三皇考·引言》，见《古史辨》第七册中编，第 61 页，上海古籍出版社，1982 年。

开始广泛传播了。

这一时期还出现了一本重要的神话和传说故事全集，这就是《山海经》，它包罗详备，叙事神幻奇异，是神话故事中的经典之作。其中也提到了女娲。《大荒西经》说：

> 有神十人，名曰女娲之肠，化为神，处栗广之野，横道而处。

郭璞传云："女娲，古神女而帝者，人面蛇身，一日中七十变。"①《山海经》的记载非常简单，并且也比较模糊，到底是10个神仙都叫"女娲之肠"，还是名为"女娲之肠"的神仙化为10个人？

另外，在《北山经》中还提到了"女娃"：

> 又北二百里，曰发鸠之山，其上多柘木。有鸟

---

① 女娲"人面蛇身"似乎有些荒诞不经，但这样的描写在《山海经》中却比比皆是。如"凡《北次二经》之首，自管涔之山至敦题之山，凡十七山，五千六百九十里。其神皆蛇首人面"(《北山经》)；"西北海之外，赤水之北，有章尾山，有神，人面蛇身而亦……，是为烛龙"(《大荒北经》)。李泽厚说"这里所谓'其神皆蛇首人面'，实即指这些众多的远古氏族的图腾、符号和标志"。见其所著《美的历程》，第7页，文物出版社，1981年。

焉，其状如乌，文首、白喙、赤足，名曰精卫，其鸣自詨。是炎帝之少女，名曰女娃。女娃游于东海，溺而不返，故为精卫。常衔西山之木石，以堙于东海。

这或许是和女娲音近的另一传说，是独立于“女娲”之外传说的。

战国中后期，神话和传说大量涌现，巢、燧、羲、农的事迹开始有了记载。这一时期，对古史传说有影响的事件是出现了“三皇五帝”的古史系统。所谓“五帝”，就是在尧、舜之前再加三帝。《易·系辞下》和《战国策·赵策二》明确提到了五位王天下的“圣王”，他们是包羲氏、神农氏、黄帝氏、尧、舜。《易·系辞下》说包羲氏“仰则观象于天，俯则察法于地”而作八卦；神农氏则“斩木为耜，揉木为耒，耒耨之利以教天下”。但“包羲”因音读有各种异写，如庖羲、炮羲、宓戏等，后世习称“伏羲”。有学者认为，称“包羲”为“伏羲”是受了苗族始祖神伏羲、女娲传说的影响①。《礼记·月令疏》引《帝王世纪》说：

① 刘起釪：《我国古时传说时期综考》，见《古史续辨》，第39页，中国社会科学出版社，1991年。

> 取犠牲以供庖厨，食天下，故号曰庖羲氏。

《尸子》对他们的事迹亦有记载：

> 宓羲氏之世，天下多兽，故教民以猎。
>
> 伏羲始画八卦，列八节而化天下。
>
> 神农氏治天下，欲雨则雨。五日为行雨，旬为谷雨，旬五日为时雨。正四时之治，万物咸利，故谓之神。

这样，就把伏羲氏看作掌握了猎取野兽技艺的神人，而神农则成了掌握农业技术并且可以顺四时之利的圣人。

《世本·帝系》和《大戴礼记·五帝德》还提出了另一种五帝说，即：黄帝、颛顼、帝喾、尧、舜。《吕氏春秋·孟夏纪·尊师》篇、《史记·五帝本纪》也采用了这种说法。据考证，"五帝"说有六种之多①。

《吕氏春秋·孟春纪·贵公》篇首次提出了"三皇五

① 刘起釪:《几次组合纷纭错杂的"三皇五帝"》,《古史续辨》,第97页。

帝"，说："天地大矣，生而弗子，成而弗有。万物皆被其泽，得其利，而莫知其所由始，此三皇五帝之德也。"但却不明"三皇五帝"何所指。真正明确提出"三皇"之说的要到西汉，往往是伏羲、神农再加女娲或燧人或祝融，"三皇"说也有六种之多①。

"三皇五帝"说是一个非常庞大的系统，内容复杂，对中国古史传说有很大影响，成为后人经常追述的"黄金时代"。如：

古者封泰山禅梁父者七十二家，而夷吾所记者十有二焉。昔无怀氏封泰山，禅云云；宓羲封泰山，禅云云；神农封泰山，禅云云；炎帝封泰山，禅云云；黄帝封泰山，禅亭亭；颛顼封泰山，禅云云；帝喾封泰山，禅云云；尧封泰山，禅云云；舜封泰山，禅云云；禹封泰山，禅会稽。(《管子·封禅》篇)

昔者容成氏、大庭氏、伯皇氏……祝融氏、伏牺氏、神农氏，当是时也，民结绳而用之。甘其食，美其服，乐其俗，安其居，邻国相望，鸡狗之音相闻，

---

① 刘起釪:《几次组合纷纭错杂的"三皇五帝"》,《古史续辨》,第110页。

民至老死而不相往来。(《庄子·胠箧》)

《管子》《庄子》其实又提出了两种古帝系统，即从无怀氏到禹的系统以及从容成氏到神农氏系统，但都涵盖有伏羲氏和神农氏。

战国后期，有些文献追溯到更上古的时期，超越了伏羲、神农的时代。《荀子·成相》说：“何时而无琐？自太皞燧人莫不有也。”杨倞注云：“燧人，太皞前帝王。”这时更详细系统地追述古帝王的是《韩非子》，其《五蠹》说：

上古之世，人民少而禽兽众，人民不胜禽兽虫蛇。有圣人作构木为巢，以避群害，而民悦之，使王天下，号之曰有巢氏。民食果蓏蚌蛤，腥臊恶臭而伤害腹胃，民多疾病。有圣人作钻燧取火，以化腥臊，而民说之，使王天下，号之曰燧人氏。

有巢氏、燧人氏传说的提出，使巢、燧、羲、农的系统完整起来。此前《尸子》记载：

燧人之世，天下多水，故教民以渔。

燧人上观星辰，下察五木，以为火。

《庄子·盗跖》也说：

古者禽兽多而人少，于是民皆巢居以避之。昼拾橡栗，暮栖木上，故命之曰“有巢氏之民”。古者民不知衣服，夏多积薪，冬则炀之，故命之曰“知生之民”。神农之世，卧则居居，起则于于。民知其母，不知其父，与麋鹿共处，耕而食，织而衣，无有相害之心。此至德之隆也。

《庄子·盗跖》提到了有巢，但没提到燧人，而是提到了知生，但燧人和知生有共同之处，就是懂得了用火。《庄子·缮性》《管子·揆度》都提到了燧人，并且排在神农、黄帝等传说人物之前。《世本·作》篇说：

燧人造火。

伏羲以俪皮制嫁娶之乱。

女娲作笙簧。

神农和药济人。

造火成为燧人的主要特征；而伏羲不但是渔猎的创造人，还做了八卦发明嫁娶之礼；女娲作了笙簧；神农不但是耕稼的好手，还可制药救人。这样，就把这些人的传说具体化了，巢、燧、羲、农的排列顺序定型下来。由此可以看出，这些传说事迹越往后越丰富，越来越具体，增加的东西也越来越多。

到了西汉，主要的神话传说保存在《淮南子》中。这之后伏羲、女娲的传说发生了较大的变化，他们两个之间的关系越来越亲密，由不相干到结为夫妇成为繁衍人类的始祖神。

《说文》说“娲”是“古之神圣女，化万物者也”。《淮南子·说林》记载：

冬有雷电，夏有霜雪，然而寒暑之势不易，小变不足以妨大节。黄帝生阴阳，上骈生耳目，桑林生臂手，此女娲所以七十化也。

女娲成为变化万物的神女，具有伟大的神通。《淮南子·览冥训》说：

> 昔者黄帝治天下……然犹未及宓羲氏之道。……往古之时，四极废，九州裂，天下兼覆，地不周载，火爁炎而不灭，水浩洋而不息，猛兽食颛民，鸷鸟攫老弱。于是女娲炼五色石以补苍天，断鳌足以立四极，杀黑龙以济冀州，积芦灰以止淫水。苍天补，四极正，淫水涸，冀州平，狡虫死，颛民生。

这里把伏羲和女娲联系在了一起，但也只是说女娲尽“宓羲氏之道”而补天奠地，并没说他们两人的具体关系。《白虎通》则集合前人观点说：

> 古之时，未有三纲六纪。民人但知其母，不知其父，能复前而不能复后。……于是伏羲现象于天，俯察法于地。因夫妇，正五行，始定人道。

到了东汉应劭著《风俗通义》便有这样的记载：

> 女娲，伏羲之妹，置婚姻，合夫妇也。

并进一步说：

> 俗说天地开辟，未有人民。女娲抟土造人，剧务力不暇供，乃引绳絙泥中，举以为人。故富者，黄土人也；贫贱者凡庸者，絙人也。

经过如此的一番变化，女娲成了补天造人的神，实际上也成为人类的始祖。

此外，西汉时阴阳五行、五德终始说盛行，便有人用其来改造古史传说人物。《汉书·律历志下》中的《世经》据此编排了一个整齐有序而又完备的古史帝王系统：太昊庖牺氏（以木德行）—炎帝神农氏（以火德兴）—黄帝轩辕氏（以土德兴）—少昊金天氏（以金德兴）—颛顼高阳氏（以水德兴）……—汉高祖皇帝。这一系统把很多在此之前并不相关的人物拉到了一起，如太皞与庖牺氏，炎帝与神农氏。“这些根本不是古时自然流传下来的原有传说，而是汉代编造的伪古史，……因此我们不能把这些后起的伪古史，列入上古传说时期的原有史料中”①。

① 刘起釪:《我国古时传说时期综考》,《古史续辨》, 第41页, 中国社会科学出版社, 1991 年。

到三国末时，徐整《三五历记》又提出了大家熟知的盘古开天辟地的传说，比前面提到的传说人物都要早，直至宇宙之初。于是，“自从盘古开天地，三皇五帝到如今”成为大家习知的古史传说。

（二）对史前传说的解读

纷繁复杂的古史传说让人眼花缭乱，典籍的记载也充满很多神秘的气氛。这些传说是不是凭空捏造的？它们有没有现实的依据？它们对我们研究历史有没有一定的参考价值？这是值得思考的问题。而对这一问题的解释，可谓仁者见仁，智者见智。对它们的解读是不容易的，因为古史传说假假真真混合在一起。单纯的以传说证古显然是不全面的，反之亦然。如何找到传说与古史的结合点，并且综合运用其他诸如文献、民俗等多方面的知识来解释传说，是一个需要好好考虑的问题。

20 世纪以来，第一位比较系统地对古史传说作出分析的研究者是顾颉刚。他说：“古史是层累的造成的，发生的次序和排列的系统恰是一个反背①。”他的意思是说，古

① 顾颉刚：《古史辨》第一册自序，上海古籍出版社，1982 年。

史传说原本没有这么复杂，随着时间的推移，对古史传说的加工改造越来越多，更多的加上了后人的意识，也就使古史传说更加庞大。顾颉刚发现，后起的神话传说往往在排列的时间上最靠前，而先前发生的神话传说却被排到了后面。如，盘古的传说在三国时才被提出，却被排到了战国后期出现的有巢、燧人传说的前面，而早在春秋末就出现的女娲的传说，倒被排到了出现时间晚得多的盘古、有巢、燧人等人传说的后面。其中后人对传说的改造显然可见。顾颉刚进一步论述“第一，可以说明‘时代愈后，传说的古史期越长’”；“第二，可以说明‘时代愈后，传说中的中心人物愈放大’”；“第三，我们在这上，虽不能知道某一件事的真确状况，但可以知道某一件事在传说中的最早的状况”①。也就是说，后人的加工和增饰使古史传说拉长，而且为了符合个人的意志，往往把自己心目中的理想人物突出放大。根据这样的特点，我们是可以对后人的造伪情况考察清楚的。

这样，以顾颉刚为代表的“疑古学派”对古史传说发起了猛烈的攻击，认为许多古史传说不可信，都是后人的

---

① 顾颉刚：《与玄同先生论古史书》，《古史辨》第一册，第60页。

臆造，他们不仅对“三皇五帝”以来的古史系统以至尧、舜、禹提出了怀疑，并全面否定夏代史和夏代人物。在1923年前后，古史辨派取得了辉煌的胜利。经过他们的工作，“三皇五帝”的古史系统已没有多大的影响，因此说他们对学术界的贡献是很大的，“近三十余年（大约1917年蔡元培任北京大学校长起至1949年）疑古学派几乎笼罩了全中国的历史界”①。他们对古史传说进行了比较系统的整理，初步清理了庞杂的史料，开拓了历史研究的新领域，对人们的思想也起到了一定的冲击作用。

但他们的工作也存在问题。这有材料本身的制约，“研究中国史为最纠纷之问题。上古之事，传说与史实混而不分。史实中不免有所缘饰，与传说无异，而传说中亦往往有史实之为索地，两者不易区别”②。其治学方法也有问题：“主要的，去世的张荫麟先生已经指出，就是太无限度地使用默证。这种方法，就是因为某书或今存某时代无某事之称述，遂断定某时代无此观念③。”还有，“在具

---

① 徐旭生:《中国古史的传说时代》(增订本)，第23页，文物出版社，1985年。

② 王国维:《古史新证·总论》，清华大学出版社，1994年。

③ 徐旭生:《中国古史的传说时代》(增订本)，第23页，文物出版社，1985年。

体的古史问题的处理上，往往有疑古过头的地方”[①]。这些批评都是十分中肯的，有助于人们对“疑古学派”及其所涉及的古史传说有更全面和更客观的评价和认识。

钱穆在20世纪40年代对“古史辨派”及古史与神话传说的关系有相当全面和精到的认识。他说：“三皇五帝之旧说，在中国历来史学界，本未严格信守[②]。”这一观点看似平常，其实是对历史的求真概括。本来对“三皇五帝”的古史传说，历史上没有多少人去真的相信它，很多人只是把他看作一种“黄金时代”，借以弥补有文字记载之前的记忆，或者把它作为借题发挥的一种资源。钱穆进一步指出：“今求创建新的古史观，亦应稍加修正。从一面来看，则古史若经后人层累的造成；惟据另一方面看，则古史实经后人层累的遗失而淘汰。层累造成之伪古史固应破坏，层累遗失的真古史，有待探索。此其一。各民族最先历史无不从追记而来。故其中断难脱离‘传说’与带有‘神话’之部分。若严格排斥传说则古史即无从谈起。此其二。且神话有起于传说之后者，不能因神话而抹杀传说。此其三。假造亦与传说不同，如后世史书整段的记载

① 白寿彝：《谈谈近代中国的史学》，《史学史研究》，1983年第3期。
② 钱穆：《国史大纲》，第8页，商务印书馆，1996年6月第三版。

与描写，或出于假造，其散见各书之零文短语，则多系往古传说，非出后世一人或一派所伪造。此其四。欲排斥某项传说，应提出与此传说相反之确证。否则此传说既不能断其必伪或必无有。亦有骤视若两传说确切相反，不能并立，而经一番新的编排与解释，而得其新鲜之意义与地位者。此其五①。”钱穆的这一番议论公允而又有识见。他的意思是说，对神话与传说要把它当作一种材料来认识，其中的弃取要靠坚实的证据，没有证据则不要妄下断语。况且神话与传说自有其认识问题的价值，不能一概视为虚妄，要用研究者自己的眼光来发现问题和解决问题。

其实，早在“疑古学派”开始兴起时，王国维对传说及其与考古材料的关系就进行过思考，并提出了个人的精辟见解。他说：“而疑古之过，乃并尧、舜、禹之人物而亦疑之，其于怀疑之态度、反批评之精神，不无可取，然惜于古史材料未尝为充分之处理也。吾辈生于今日，幸于纸上之材料外更得地下之新材料，由此种材料，我辈固得据以补正纸上之材料，亦得证明古书之某部分全为实录。即百家不雅驯之言，亦不无表示一面之事实。此‘二重证

① 钱穆:《国史大纲》,第8—9页,商务印书馆,1996年6月第三版。

据法'为在今日始得为之[①]。"王国维的这段话对中国学术界有深远的影响，他不但提出了整理材料的问题，还提出了进行历史研究的重要方法——"二重证据法"。也就是说，要综合运用"纸上之材料"（主要是历史文献）和"地下新材料"（主要是考古成果）来研究问题，两方面相互参证。基于这样的认识，他认为"百家不雅驯之言，亦不无表示一面之事实"，因此对古史传说材料也要好好研究，以求其历史真相。这种认识问题的广阔眼光，体现了一个历史学家的深厚素养。

"三皇五帝"为代表的古史系统被揭破之后，加上前人对这一问题的理论探索，很多学者便沉下心来做实际的工作。一方面是对古史传说材料本身的整理研究，把材料本身搞清楚，或者从古史传说材料中得出有意义的一些认识，吸取其中的合理"内核"而弃其传说神幻色彩[②]；另一方面是考古学的发展，因为"古史辨派"把古史体系打倒，并进而怀疑夏朝的存在，把中国文明史砍去了几千年，许多考古学家便要通过自己的工作重建中国史前的历史。"老的历史既不可靠，便产生了对新材料的需要，因

① 王国维:《古史新证·总论》,清华大学出版社，1994年。
② 启良:《中国文明史》,第6页，花城出版社，2001年。

而很多人寄希望于考古学，以考古学为‘古史问题的唯一解决办法’”①。

就像希腊神话中的米诺斯王宫一样，原先只把它作为美丽的传说，但后来根据传说找到了真实的遗址。在许多扎实而实际的工作之后，随着人们认识的加深，研究者们明显感到，在上述许多传说的背后也存在一些历史的“史影”。“作为一种早期文化的象征性标记，远古神话是每个民族历史文化的源泉之一。在其中蕴含着民族的哲学、艺术、宗教、风俗、习惯以及整个价值体系的起源”②，“在这个意义上，神话不过是远古人类经验的一种升华物”③。于是，人们对于上述史前传说的认识有了较大的转变。

正如吕振羽所说，“而传说竟如此普遍地被传述，说明它正是历史真实的流传和反映”④，“和这些神话传说结合着的人物不论其人物之有无，确是合于历史的法则的；但其次序的颠倒凌乱，正表现了神话传说的本色”⑤。郭沫若也说：“这些神话和传说有一个共同的特点，即认为那时

① 张光直：《李济考古学论文选·编者后记》，第981页，文物出版社，1990年。
② 何新：《中国远古神话与历史新探》，第317页，黑龙江教育出版社，1988年。
③ 何新：《中国远古神话与历史新探》，第357页，黑龙江教育出版社，1988年。
④ 吕振羽：《史前中国社会研究》，第5页，三联书店，1961年。
⑤ 吕振羽：《史前中国社会研究》，第63页，三联书店，1961年。

的一些血缘氏族和部落集团，都分别出于各自的一个想像的祖先，而且这种想像的祖先又往往是神话式的人物。所以，传说里的氏族和部落一般都是从神话中引申出来的。事实上，氏族和部落比关于他们来源的神话要古老得多。尽管如此，透过这样的神话，或者把这样的神话仅仅作为氏族和部落的代号，仍然可以从传说中理出当时立时的一些头绪来①。”言下之意即谓神话传说并不一定是实有其人，但可以作为氏族部落的一种符号，看作为后人对历史记忆的一种叠加。因此可以这样说，把这些传说作为一个大的背景来看，它们在某种程度上说明了历史发展的情况。“而且中国古代历史传说极富哲理性，切近事实，与并世其他民族追述古史之充满神话气味者大不相同。如有巢氏代表巢居时期，燧人氏代表熟食时期，庖牺氏代表畜牧时期，神农氏代表耕稼时期。此等名号，本非古所本有乃属后人想像称述，乃与人类历史文化演进阶程，先后符合。此见我中华民族之先民，早于人文演进，有其清明之观点与合理的想法②。”巢、燧、羲、农的事迹经这样一排，确实内涵一种历史的大体发展，绝非后人的随意编

① 郭沫若主编:《中国史纲》，第 108 页，人民出版社，1976 年。

② 钱穆:《国史大纲》，第 8—9 页，商务印书馆，1996 年 6 月第三版。

造。“古人所传的这四个名号，正反映我们祖先经历原始时期四个早的阶段”①。“还有女娲……她的名字也正是原始母系时代的反映。所以她和有巢氏等四个阶段，反映从原始人群进入母系氏族全盛时代，实际处在一般所说时期的前面”②。

通过这种取其精、遗其粗的分析，古史传说的某些合理“内核”给我们提供了观察远古社会的一把钥匙：“（我们的祖先）在采集狩猎经济的基础上发明了农业，进入了生产经济时代。所以‘取牺牲以供庖厨’的伏牺氏和‘耕而作陶’的神农氏确是历史进程中的两个重要的里程碑。不仅如此，现在还知道，猎取大兽及发明农业，与发明用火及发明取火有密切的关系。‘造火者燧人’和以后被奉为火神的祝融，无疑可称这一重大历史进步的标志。而女娲，在很多神话传说中，与伏牺是兄妹婚的象征。而这种婚姻形态在历史上存在过，已经没有疑义。……可知伏牺氏还代表了从兄弟姐妹群婚，发展到排除血缘

① 刘起釪：《我国古时传说时期综考》，《古史续辨》，第51页，中国社会科学出版社，1991年。

② 刘起釪：《我国古时传说时期综考》，《古史续辨》，第51页，中国社会科学出版社，1991年。

群婚习惯法的产生[①]。”这些分析见微知著，是很有道理的。

另一些学者透过古史传说的表象，总结出了反映历史特点的内容。如柳诒徵认为古史传说多荒诞不经，并有很多臆造，但也可以提炼出几个特点：人类生年久远；人类之生不限一地；每地之人分许多部落。这样可以看出，人类最初是多元发展的[②]。这是极有先见之明的，因为当后来学术界仍在争论中华文明的源头是长江还是黄河时，思想陷于单一文化发展模式之中而不能自拔，柳诒徵于20世纪中就早已提出了文化的多元发展问题的见解。

另一个解析古史传说的角度是从考古学入手。前文已经提及“古史辨派”推倒旧的古史传说之后，产生的另一个影响是刺激了中国考古学的发展。在20世纪二三十年代，中国考古学进入了一个较大的发展时期，“北京人”的发现、殷墟的发掘、城子崖遗址的出土，还有仰韶文化的现世，裴文中、李济、梁思永、尹达等考古学家做出了

---

① 李学勤主编：《中国古代文明与国家形成研究》，第187页，云南人民出版社，1997年。

② 柳诒徵：《中国文化史》，第6—7页，东方出版中心，1988年。

重大贡献，初步建立起比较可信的考古学研究体系。不过，在利用考古资源分析古史传说的过程中，曾一度犯了简单化的毛病。20世纪30年代在马克思主义和非马克思主义展开的社会史大论战中，对古史传说提出了许多观点。其中即有人把盘古和有巢、燧人、女娲定为旧石器时代，五帝为新石器时代。还有以五帝为初期封建国家，尧舜为次期封建国家，等等[①]。这些说法将考古学和社会发展观与古史传说简单附会，甚至有把传说当信史的倾向。因此，其论断是有问题的。近几年来，也有个别学人把“三皇五帝”系统单独拿出来进行研究，声称综合运用了考古学、天文学、宇宙全息论等的成果[②]；或给“三皇五帝”进行断代，得出“细致入微”的结论，诸如伏羲朝存在于公元前5341年—公元前4082年，炎帝朝存在于公元前4081年—公元前3702年，黄帝朝存在于公元前3701—公元前3302年等等[③]。无疑也是把传说当信史看待，影响了其研究的科学性和成果的正确性。

---

① 见《古史辨》第七册（上），第68页，杨宽引录的文字，上海古籍出版社，1982年。

② 见王大有：《三皇五帝史时代》，中国社会出版社，2000年。

③ 见董立章：《三皇五帝时代》，暨南大学出版社，1999年。

同时，也有一些学者主要根据出土陶器上的陶纹饰和古代典籍，认为传说中的人物有一定的历史原型，特别是伏羲和女娲的传说更有事实的依据①。他们的研究取得了一定的成绩，有一定的参考价值。尹达通过自己几十年的考古经验总结，指出："三十年来的考古学和民族学的发展，充分说明在我国有文字记载的历史之前，确实存在着我们的祖宗在这里劳动实践所遗留的社会史迹"；"从民族调查中发现有些传疑时代的神话传说，还在一些少数民族中流传着，还在作为历史故事保留在少数民族的心里"；"从考古发掘中还发现了和传疑时代的某些部落里的可能有相当关系的各种不同的新石器时代的文化类型。从地望上，从绝对年代上，从不同文化遗存的差异上，都可以充分地证明这些神话和传说自有真正的历史素地，切不可一概抹杀"②。

现在中国的考古学已取得了长足的进步，全国许多地方都有史前遗址的发现，可谓"满天星斗"。特别是考

① 参看何新：《中国远古神话与历史新探》（黑龙江教育出版社，1988年版）和陆思贤：《神话考古》（文物出版社，1995年）。

② 尹达：《尹达史学论著选集》，第450页，人民出版社，1989年。

古学文化“六大区系”的提出[1]，极大地丰富了我们的视野，能够让我们在更高的水平上审视史前文明。在此基础上，如何切实地使用考古材料以解决古史传说的认识问题，仍是一个值得思考的方法论问题。考古学家认为：“在我国古籍中有许多关于远古时代的传说，过去有不少学者进行过研究。……不过那时史前考古学尚未充分发展起来，无法同考古资料进行对照。有一些作者想用考古资料印证传说，也往往牵强附会。现在史前考古已有了长足的发展，本身就可以大体复原远古时代的漫长历史，传说资料反而只起参照的作用。若从整理史前传说史料本身来说，史前考古资料则已成为不可忽视的最可靠的参照系[2]。”

不过，文史学家倡言研究方法上应该将传说资料（文献）与考古材料并重：“古史和考古学的研究都和神话传说的解析考察有密不可分的关系，要重建中国古史，不能离开神话学[3]。”所以，“我们讲理论，也要讲方法。我们

---

① 苏秉琦:《中国文明起源新探》，第35页，三联书店，1999年。

② 白寿彝总主编、苏秉琦主编:《中国通史》第二卷《远古时代》序，上海人民出版社，1994年。

③ 李学勤:《失落的文明》，第146页，上海文艺出版社，1997年。

把文献研究和考古研究结合起来，这是疑古时代所不能做到的。充分运用这样的方法，将能开拓出古代历史文化研究的新局面，对整个古代文明做出重新估价”①。

（武　锋）

① 李学勤:《走出疑古时代·导论》，辽宁大学出版社，1997年。

个案透视

一　河姆渡文化

偶然间重见天日的河姆渡文化遗址，位于浙东四明山脉与慈溪南部山地之间的河谷地带。它自 20 世纪 70 年代发掘以来，即以丰厚的稻作遗存、奇特的干栏式木屋、浓郁的水乡文化特征，强烈地冲击并打破了原有的中华文明单一起源理论，“导致了对中国史前史的修正，以及对华东、华北两个共存文化的承认”①。伴随着考古发掘的深入，以及周遭地区相关遗址的先后面世，有关河姆渡遗址及河姆渡文化的学术研究，也取得了丰硕的成果。1999 年 10 月，来自海峡两岸、相聚于宁波的 54 位学者，或分析姚江流域生态环境对河姆渡文化的影响，或探讨河姆渡人的审美艺术和文化内涵，或评述河姆渡文化的历史意义，或论证河姆渡文化与中国台湾乃至整个环太平洋区域史前

① ［菲律宾］张德慈：《谷类及食用豆类之起源与早期栽培》，刊《农业考古》，1988 年第 1 期。

文明的内在关联，可谓真知流彩、灼见纷呈。在此，我们试图在汲取前人研究成果的基础上，结合最新的考古发掘，概述河姆渡文化的生成、特征与影响，兼论它最终衰落的原因及可能的流向。

（一）姚江平原的河姆渡遗址群

河姆渡遗址蕴含着四个代表不同发展阶段的文化层，惟其如此，使得当前学界对于河姆渡文化的界定产生了很大的分歧。其中最为流行的观点是将第三、第四文化层单独命名为“河姆渡文化”，而把第一、第二文化层分别归属于马家浜文化的崧泽类型和马家浜类型[①]；张之恒先生则认为第三文化层其实只是河姆渡文化向马家浜文化的过渡类型，应当将之排除在“河姆渡文化”之外[②]。而我们更倾向于下列主张：“河姆渡四个地层之间，前后的因袭关系很清楚，一些基本的文化特征贯串四层的始终[③]。”“四

① 浙江省文物管理委员会、浙江省博物馆：《河姆渡遗址第一期发掘报告》，刊《考古学报》，1978 年第 1 期。

② 张之恒：《关于我国东部沿海地区新石器时代文化系统的区分》，刊《文物集刊》（一），文物出版社，1980 年。

③ 浙江省博物馆：《三十年来浙江文物考古工作》，载《文物考古工作三十年》，第 220 页，文物出版社，1981 年。

个文化层当是河姆渡的四期文化，它们是一脉相承的[①]。”所谓的“一脉相承”，具体表现为：① 比较发达的骨制工具与欠发达的磨制石器并存；② 灰黑色的手制陶器；③ 以耜耕农业为主的经济结构，同时兼营采集和渔猎；④ 以干栏式木屋为标识的定居农耕生活；⑤ 以鸟图腾崇拜为载体的海洋文化特色。有鉴于此，我们认为四个文化层的差异实际上体现着河姆渡文化的延续性；同时坚

河姆渡文化——干栏式建筑的典型

① 河姆渡遗址考古队：《浙江河姆渡遗址第二期发掘的主要收获》，刊《文物》，1980 年第 5 期。

巢居文化——干栏式建筑

信，河姆渡文化生成之后，肯定有纵向的文化传承和一定范围内的横向文化传播。因此，不仅应该将四个文化层视作河姆渡文化生成、发展过程中的四个阶段，而且可以把河姆渡遗址附近东西长 20 千米、南北宽 10 千米的范围内已发现的 30 余处遗址（见表 1），列入河姆渡文化的范畴之内。

表 1　河姆渡遗址群简况表

遗址名称	地　址	遗址名称	地　址
乐安湖	余姚市云楼乡间闸后周	支溪岙	余姚市陆埠镇支溪岙
桐　三	余姚市双河乡桐山村	张　界	余姚市河姆渡镇张界村
鲻　山	余姚市丈亭镇汇信村鲻山东	田　屋	余姚市河姆渡镇方家村
坑山垅	余姚市丈亭镇下徐塔村	云山头	余姚市三七市镇云山村
傅　家	余姚市陆埠镇傅家村	下　庄	余姚市河姆渡镇白罗浦下庄
周家汇头	余姚市河姆渡镇浪墅桥村	王　家	余姚市河姆渡镇钱家漕村
相山佛堂	余姚市河姆渡镇李家村	车厩一中	余姚市河姆渡镇车厩一中
鲞架山	余姚市河姆渡镇金吾庙村鲞架山南麓	蔡　家	余姚市河姆渡镇蔡家
吴家岙	余姚市余姚镇吴家岙	前溪湖	余姚市肖东镇郭相桥附近
兵马司	余姚市余姚镇安山桥	黄家山	余姚市余姚镇桐湖村
西竹山	余姚市余姚镇胜堰	翁家山	余姚市丈亭镇湖田湾村
新周家	余姚市丈亭镇寺前王新周 家村	狗头山	余姚市梁辉镇叶岙村
戴　家	余姚市马渚镇斗门	大寨高山	余姚市临山镇小寨村
童家岙	慈溪市童家岙	妙　山	宁波市江北区妙山
八字桥	宁波市江北区妙山镇八字桥村	五　星	宁波市江北区妙山镇五星村
慈　湖	宁波市江北区慈城镇慈湖	小东门	宁波市江北区慈城镇
唇　蛟	宁波市鄞州区古林镇唇蛟村	董家姚	宁波市鄞州区茅山镇董家跳

事实上，鲻山、鲞架山、慈湖三遗址的考古发掘表明，这些周边遗址与河姆渡遗址之间存在着相当密切的关联。其中：（1）发掘于1988年的慈湖遗址，位于河姆渡遗址西南8千米处，在289平方米的范围内，除了出土数百件石制、骨制、陶制、木制文物之外，尚有酸枣等少量植物标本，并发现稻谷痕迹。该遗址的文化堆积厚2.1米，其下层属河姆渡文化类型，经碳14测定，距今约6 700年，相当于河姆渡第三文化层①。（2）发掘于1994年的鲞架山遗址，西距河姆渡遗址1.5千米，近底部为河姆渡文化层，出土了150余件石制、骨制、陶制、木制文物，以及橡子、酸枣、菱角和少量动植物残骸，并发现稻谷痕迹。经碳14检测，其下层文化约距今5 400年，也相当于河姆渡第三文化层②。（3）鲻山遗址发掘于1996年10月至1997年1月，近底部揭露遍及整个发掘坑的干栏式建筑的木桩、桩础、撑木和少量带榫卯的木构件遗存，此外尚有炭化稻谷、炭化米粒、稻竿、稻叶、葫芦、橡子、菱角等植物遗存，以及猴子、鹿、乌龟和禽类动物的

---

① 丁友甫、王海明：《宁波慈湖遗址发掘报告》，载《浙江省文物考古研究所季刊》，科学出版社，1993年。

② 《鲞架山遗址调查报告》，刊《考古》，1997年第1期。

骨骸①。综上而观，上述三遗址的“文化内涵与河姆渡对应文化层相同，如都发现稻谷和骨耜（木耜）、木桩和带榫卯的木构件”，而表1所列的其他遗址也可分别归入河姆渡的四期文化；就它们所处的地理环境而言，大多背山面水，处于丘陵缓坡与湖沼交界地带，与河姆渡遗址相仿，然而“周边遗址不仅仅是相同的自然环境造就相同的文化面貌，更应看做是河姆渡遗址对它的深刻影响，是河姆渡文化1期向外的延伸和发展，并且是在生产、生活包括原始宗教、艺术诸多方面密切交往的结果”②。

2001年底，在河姆渡遗址附近的田螺山一带，又出土了一批新石器时代的文物，内有一条约30厘米长、20厘米宽的平整木板，留存着明显的石器加工痕迹。同时出土的尚有大量的各种动物骨骼遗骸，据初步鉴定，内有水牛肩胛骨、亚洲象膝关节骨、梅花鹿骨等；另有40多件夹炭黑陶片，系釜、罐、盘、钵等器具的遗物，其中个别陶片表面有拍印的绳纹、刻画的几何纹等纹饰，这些陶片与河姆渡遗址第三文化层出土的陶片如出一辙。据专家介

① 《河姆渡文化又有新发现》，载《宁波日报》，1997年1月13日。

② 赵晓波：《河姆渡周边遗址原始稻作农业的研究》。

绍，田螺山遗址距今约 6 500 年，在河姆渡早期文化研究中具有承前启后的价值。

（二）河姆渡人的生存环境和经济构成

得益于“工”字形地貌良好的促淤功能，河姆渡遗址群所在的姚江平原，在全新世海退初期最先成为浙东的陆地，至今在“平原南部 2—3 米深处即可见全新世的海相地层”，而其“成陆年代当在距今 8 000—9 000 年间”①。河姆渡先民正是借助“工”字形高地的优势，在此栖息、繁衍，并创造了璀璨夺目的河姆渡文化。河姆渡文化的出现，固然是河姆

河姆渡遗址复原

① 吴维棠:《七千年来姚江平原的演变》，刊《地理科学》，1993年第3期。

渡先民在这片平原努力劳作的结果，更受惠于因中全新世大暖期的来临而导致的优越的生态环境，换言之，中全新世大暖期是促使河姆渡人定居于此并创造稻作文化的前提条件。

史前时期姚江流域相对优越的生态环境，可从河姆渡遗址所出土的动植物遗存得到旁证。在河姆渡遗址出土了红面猴、犀牛等61种动物遗骸（见表2），几乎全是旧大陆热带、亚热带喜湿性的森林—草地类型的现生种类，尤其是亚洲象、苏门犀、爪哇犀，更是典型的热带动物。“当时姚江流域的动物群，既有常栖息于芦苇沼泽地带的雁、鸭、鹤等鸟类，又有生活于山林间的鹿类；既有淡水中滋生的鱼类和蚌类，又有海生的青蟹、鲨、鲸、灰裸顶鲷等，同时还有出没于密林深处的虎、熊、象、犀等巨兽”①。与此同时，在第三、第四文化层发现的大量植物遗存中，既有海金沙孢子、蕨类植物孢子、木本及草本植物花粉，又有植物的茎叶、果实和种子，如亦皮椆、栎、苦槠、天仙果、细叶香桂、山鸡椒、钓樟、水稻、小葫芦、瓠、橡子、菱角、酸枣、芡实等。诚如张之恒先生所论，诸如此类的动植物遗存，不仅“说明当时该地区气候

① 季学原主编:《姚江文化史》, 第11页, 宁波出版社, 1998年。

温暖湿润，雨量充沛”，“生长着茂密的亚热带常绿落叶阔叶林”，而且“表明当时河姆渡遗址附近应是平原湖沼和丘陵山地交接地带”①。更需指出的是，此种生态环境，不但为河姆渡人提供了丰富的采集、狩猎资源，也有利于稻作农业的形成与发展，从而在很大程度上规整了河姆渡先民的经济结构和经济规模。

表2　河姆渡遗址出土的动物遗存表②

动物分类	动物种类
哺乳纲灵长目	红面猴、猕猴
哺乳纲偶蹄目	家猪、水牛、青羊、梅花鹿、四不像（麋鹿）、水鹿、赤鹿、獐
哺乳纲奇蹄目	犀
哺乳纲长鼻目	亚洲象
哺乳纲食肉目	狗、虎、黑熊、貉、青鼬、猪獾、水獭、大灵猫、小灵猫、猫、花里狸
哺乳纲啮齿目	黑鼠、豪猪
鸟　　纲	鹈鹕、鸬鹚、鹭、野鸭、雁、鸦、鹰
爬　行　纲	扬子鳄、乌龟、中华鳖
鱼　　纲	鲤、青鱼、鲶、黄颡鱼、鳢、鲻鱼

① 张之恒:《河姆渡文化早期姚江流域的生态环境》,载《河姆渡文化新论——海峡两岸河姆渡文化学术研讨会论文集》,王慕民、管敏义主编,海洋出版社,2002年版,下文简称《河姆渡文新论》。

② 本表为张之恒先生所制,详参《河姆渡文化早期姚江流域的生态环境》。

利用大面积湖沼低洼培育、栽培水稻的河姆渡先民，独立地开创了具有南方水乡特色的稻作文化。出土于河姆渡遗址的由稻谷、谷壳、稻秆、稻叶交互混杂而形成的厚达 20—50 厘米的稻作遗存，“其数量之多，保存之完整程度，都是新时期时代考古史上罕见的”①，甚至在不少釜底残留的锅巴中也常见炭化的米粒和稻谷，凡此种种，不仅确认了农业经济在河姆渡先民生活中的主导地位，而且由此引发了中国稻作文化长江下游起源说的盛行。从考古发掘看，史前时期的河姆渡稻作农业是以籼稻为主的籼粳混合经济，其中籼稻占 60.32%—74.5%，粳稻占 20.5%—39.68%，中间型占 3.6%—4.41%，显然是人工栽培稻的杂合群体②，从而填补了中国考古史上新石器时代有粳无籼的空白。就当时的农耕技术而言，河姆渡先民不仅发明了用于平整水田的牛鼻形孔木器③，而且可能已经使用牛踏田这样的整田方式。更需指出的是，河姆渡先民在长期的生产

---

① 浙江省博物馆自然组：《河姆渡遗址动植物遗存的鉴定研究》，刊《考古学报》，1978 年第 1 期。

② 周季维：《长江中下游出土古稻考察报告》，刊《云南农业科技》，1981 年第 6 期。

③ 赵晓波：《河姆渡周边遗址原始稻作农业的研究》，刊《农业考古》，1999 年第 1 期。

实践过程中，“已经知道利用物候方法掌握春华秋实、寒来暑往的节气转换规律，确定节气，适时地安排农业生产活动”①。

河姆渡文化出土的石锛

作为稻作文化重要构件的农具，不仅大量出土于河姆渡遗址，而且种类比较齐全，既有用于除草、翻地的木铲和鹤嘴锄，也有用于收割的由动物肋骨制成的镰刀，另有用于加工谷物的石磨盘、木杵等。其中，由鹿或水牛的肩胛骨加工而成的骨耜（已出土176件），无疑是河姆渡稻作文化最具特色的农具，往往被用作翻土、平土、开沟、排灌和除草。凡此种种，都表明河姆渡的稻作农业不仅已经舍弃刀耕火种的落后耕作方式，而且跨入了耜耕农业熟荒耕作阶段。

牛头骨

① 季学原主编:《姚江文化史》, 第16页。

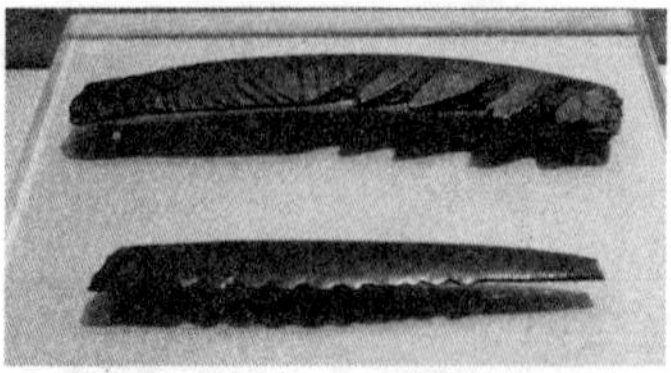

河姆渡文化出土的骨镰

骨镞

就农具制作材料而言，明显以骨器为主，其实不但农具如此，骨器在其他生活和生产领域也同样占据着绝对的比重。相比之下，尽管河姆渡先民“已能根据石料的不同质地及用途，熟练地应用打磨、磨砺、线切割、钻孔、刻画等技术加工石器”，然而，石器不仅所占比例小（只有骨器的九分之二），而且制作粗糙、器形偏小，用途也不够广泛。形成这种鲜明对比的原因似乎在于：“狩猎经济的发展，不仅为河姆渡先民提供了丰富多彩的肉食来源和御寒的皮毛”，而且“食余的大量动物骨也为制造工具和人体装饰品提供了大量骨、角料，这在取材及加工上为先民节省了人力、物力和时间，所以骨器特别发达，从而制压了石器的发展和广泛地应用”①。换言之，农业生产所得并非河姆渡先民唯一的食物来源。

① 黄渭金：《河姆渡遗址石器初探》，载《河姆渡文化新论》。

事实上，采集、狩猎、捕捞及饲养家畜也是河姆渡先民重要的生产方式，出土于第三、第四文化层的箭镞、弹丸、鱼镖、木桨等工具，鸟、鱼、龟鳖、蚌、鹿、猪、牛、狗等动物遗骸，以及酸枣、橡子、菱角等植物果实，就是河姆渡先民从事多种经济活动的明证。且以渔业为例详论之：河姆渡遗址不仅出土了大量的食用后被抛弃的鱼骨，而且出土了 330 件用于捕鱼的形制不一的骨镞，更挖掘出目前所知最早的木桨——根据有桨必有船的逻辑，以及相关实物陶舟的出土，完全可以认定船作为一种交通工具和水上捕捞的辅助器具，业已被河姆渡先民所发明，并广泛应用于渔业生产实践。正因为有了这一水上交通工具，也由于船上煮饭器具陶灶的发明与使用①，使得河姆渡先民的捕捞范围已不再局限于附近水域，而开始在滨海甚至近海从事渔业生产。惟其如此，河姆渡遗址不仅出土了大量的淡水鱼骨，而且发现了诸如鲻鱼、裸顶鲷、鲨鱼等海洋鱼类的骨骸。因舟楫的出现而兴起的渔业经济，又同采集经济、狩猎经济、家畜饲养经济一道，进一步稳定了

① 毛昭晰先生认为，出土于243号探坑第三文化层底部与第四文化层之间的陶灶（T243③：49），实为船上渔民煮饭专用，其功用在于延长水上捕鱼时间。详参：《河姆渡遗址出土的陶灶》，载《河姆渡文化新论》。

河姆渡先民的农耕定居生活。

（三）河姆渡人的生活、艺术、信仰与科技智慧

“如果说富饶的生态环境是河姆渡文化赖以产生和存在的基础，那么，水稻栽培则是河姆渡文化发展、兴盛的动力，它使河姆渡人的食源供给更加有保障，也使他们有更多的精力从事各种创造性劳动”①，如干栏式建筑的设计、纺织工艺的开创、制陶技术的改进和原始艺术的创作等。

在河姆渡遗址第四文化层底部大约 2 630 平方米的范围内，发现了大片木结构建筑遗存，其中木构件散乱在桩木之间，而较大的长圆木则较为整齐地横卧于木桩西侧地面。经先后两次发掘所见，类似的干栏式单体建筑至少有 7 栋，这 7 栋单体建筑大致平行，并“以遗址西南小山为中心呈扇形布置”，显然“继承了早期聚落围绕中心广场布局的一般形制”。其朝南偏东 7° ～10° 的门户朝向，完全符合江浙地区的日照特点，具有通风、采光、保暖和避寒等优点。从形制来看，此类建筑是底层架空、带有外廊的长屋，其内部又被分隔成若干房间，既有氏族公共活动

① 李小红：《略论地理环境在河姆渡文化兴衰中的作用》，载《河姆渡文化新论》。

的大房间，也有对偶婚夫妻生活的小房间①。在构筑方法上，河姆渡人发明了诸如柱头榫、柱脚榫、转角榫、梁头榫等木构件，用以加固垂直相交部位，与此同时，他们又设计出销钉，销钉的发明和应用，在很大程度上降低了榫卯松动、拉脱的概率，从而有效地增加了房子的牢固强度②。不过，“当时虽然已经有了先进的榫卯技术，但是，由于工具原始，榫卯加工不易，使用的数量毕竟不多，在绝大多数情况下仍然使用绑扎固定的建筑工艺”③。

巢居文化典型代表——穿斗式地面房屋

作为一种与北方仰韶文化半地穴式居室迥然相异的建筑物，河姆渡的干栏式房屋不仅有效地避免了因居住地的低洼潮湿所导致的危害，而且还具有防止蛇、虫、野兽侵

① 赵晓波:《河姆渡遗址干栏式建筑的再认识》，载《河姆渡文化新论》。

② 陈忠来:《河姆渡文化探源》，第46页，团结出版社，1993年。

③ 劳伯敏:《河姆渡干栏式建筑遗迹初探》，刊《南方文物》，1995年第1期。

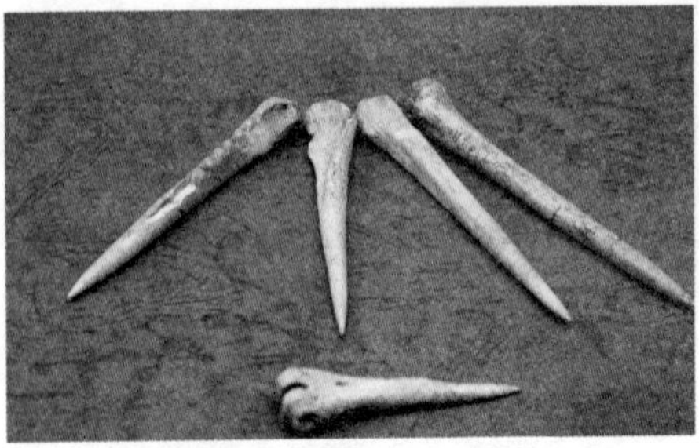

骨锥

害的作用，与其说是被动适应沼泽环境的产物，不如说为旨在改善居住条件的主动创造，它既展示了河姆渡先民的建筑风格和水平，同时也纠正了那种认为只有金属工具产生之后才能出现榫卯技术的传统观念，正是它促成了穿斗式建筑结构的产生，并直接启示了楼阁的发明，最终导致阁楼和二层楼房的形成①。

被视为中国服装发源地的河姆渡遗址，其第三、第四文化层出土了保存完好的成套纺纱、纺织及缝纫工具。其中，纺纱工具以陶、木、石纺轮为主；纺织工具大多由硬木所制，少数为骨、鹿角磨制品，分为梭形器、机刀、布轴、定经杆、绞纱棒、分经木、骨匕刀、综杆及齿状器等，均属原始织机上的部件；缝纫工具主要是骨针和一些细小的骨锥，数量不少的骨针长短在7—10毫米之间，一

① 杨鸿勋：《中国早期建筑的发展》，刊《建筑历史与理论》，1980年第1辑。

般磨制得精巧细小，后端穿有小针眼，部分孔径仅 1 毫米，从一个侧面反映出当时纺织技术的发展程度。同时出土的还有 2 股麻线和上百件苇席残片，表明河姆渡先民不仅会搓绳，而且会用芦苇编织苇席。从出土实物看，“这些席子是以本地芦苇为原料，……垂直交叉相互错开成‘人’字纹，泾渭分明，条纹清楚，朴实无华。……主要用于铺盖房顶和分隔居住面，也是很好的卧具”①。

因河姆渡先民日常生活所需而产生的陶器，按用途可分为炊器、盛贮器和饮食器，其早期（第三、第四文化层）制品全为手工操作物，不仅胎质粗厚疏松，而且器形不太规整，器物种类亦不丰富，只有盆、鼎、罐、釜、钵、盘、鬶等平底器或圜底器，其中的夹炭黑陶就鲜明地反映出该期制陶工艺的原始性和实用性。经检测，这种陶器是在绢云母质的黏土中有意识地掺杂炭化的植物茎叶或谷壳等烧制而成，目的在于防止开裂、提高耐热急变性能②。不过，由于制陶技术的进步，更因为追求美观的需要，后期的陶器（第一、第二文化层）继承并发展了前期陶器的制作工艺，不仅陶质趋于细腻，器表日渐光滑，烧

① 季学原主编:《姚江文化史》, 第 21 页, 浙江古籍出版社, 2006 年。
② 林华东:《河姆渡文化初探》, 第 84 页, 浙江人民出版社, 1992 年。

制技术不断提高，而且表现出一定的艺术性，在器形上出现了一些诸如矩形、椭圆形、六角形、十八角形等不规则造型，更饰以花纹或图案。从花纹来看，无论绳纹、几何纹、弦纹、波浪纹、啮齿纹、圆圈纹，还是谷粒纹、稻穗纹、禾叶纹、贝齿纹，都体现出强烈的地方色彩；就图案而言，绝大部分是与日常生活密切相关的动植物形象，只有少数陶器诸如鱼禾纹陶盆、稻穗纹陶盆上的图案，超越了对动植物形象简单、忠实的模仿，充分反映出农业生产对河姆渡先民审美情趣的深刻影响。

此外，遗址还出土了一些以猪、狗、牛、羊等家禽家畜为主要题材的陶塑、雕刻作品，虽然数量不多，制作也比较粗糙，更没有任何实用价值，但是，它们的问世，既是原始器具从实用、装饰功能抽象为纯粹欣赏功能的实证，又折射出河姆渡先民的审美需要从被动到主动的变迁。在出土文物中，我们还发现了诸如璜、玦、管、坠、珠、环等玉制饰品，和少量图案精美、构图新颖的彩绘陶片，以及为数众多的骨哨、陶埙、木筒等原始乐器，至于一般被称为“双鸟朝阳”（或称“双鸟异日”）的连体双鸟象牙雕（T226③：79），更以其复杂的组合、巧妙的构思、优美的线条和深刻的寓意，堪称河姆渡原始艺术的精品。

长期以来，不少学者从图案的命名、艺术象征、宗教内涵与文化底蕴等方面，对连体双鸟象牙雕作了大量考证，并主要形成了下列几种观点：（1）它“充分表达了河姆渡人祈求光明吉祥”时和岁丰的良好愿望，“是河姆渡人对太阳神崇拜的最好的实物见证”①。（2）“这种异首连体，并且中间刻有太阳，可能表示鸟是空中神秘的动物，是介乎人天之间的神使，或者与鸟生的传说有关，连体意味着双鸟交感繁殖”，“肯定含有神秘的寓意”②。（3）它“是沼泽环境中水涡的形象描摹”，“与太阳崇拜无关，它是河姆渡人通过观察鸟类，而对双鸟交感繁殖的感悟，是河姆渡人对生命和生育的原始崇拜”③。（4）“双鸟尤其是连体双鸟图腾，不仅是古越人感悟‘双鸟创世’与祈求时和年丰的有力佐证，而且是中华和合文化的原始雏形”，应改名为“双鸟育阳”④。（5）象牙鸟形器（T226③：79）和骨匕（T21④：18）的“二鸟负日”图案，“都是河姆渡

---

① 刘军：《河姆渡文化原始雕塑》，载《河姆渡文化研究》，杭州大学出版社，1998年。

② 王士伦：《越国鸟图腾和鸟崇拜的若干问题》，刊《浙江学刊》，1990年第6期。

③ 蒋卫东：《涡纹·湖沼崇拜·鸟形器》，载《河姆渡文化研究》。

④ 唐德中、徐翔：《华夏和合文化的原始雏形——河姆渡先民连体双鸟图腾新释》，载《河姆渡文化新论》。

氏族崇拜太阳的记录，这种崇拜已富有宗教色彩，……已超出自然崇拜阶段，进入图腾崇拜境界”①。实际上，无论“双鸟朝阳”，还是“双鸟舁日”，抑或“双鸟育阳”“二鸟负日”，既是河姆渡先民从事艺术创作的产物，同时也寄托着他们的精神追求甚至宗教情结。

事实上，正是由于太阳崇拜以及因崇拜而导致的细心观察，使得河姆渡人从太阳周而复始的运行中，直觉出“东西南北”的地理方位意识；与此同时，根据日出日落的不同位置，又总结出诸如春分、秋分等时节概念，进而制定了原始的历法，并用于安排农业生产。因之，我们很难将河姆渡先民的艺术成就与科学发明严格区分开来，譬如木碗和木筒的朱漆髹饰，既是自然漆被首次使用的实例，同时也予人以视觉享受。不过，可以肯定的是，无论艺术创造，抑或科学发明，无疑都源自日常生活的需要，并用以改善生活质量，如牛鼻形孔木器的制作，显然极大地减轻了农民的劳动强度；又如水井的开挖，既需要一定的地下水文知识和构筑技术，又便利了人们的日常用水需求，更透露出姚江地表水因排泄不通而受污染的消息。据

① 李修松：《上古时期中国东南地区的太阳崇拜》，刊《历史研究》，2002年第2期。

吴汝祚先生考证，河姆渡先民不仅“对 20 以内的数有了明确的概念”，而且“可能已有了 30、40 等两位数的概念，甚至已有三位数概念的可能”[①]。此外，我们也可从樟叶内在的驱蚊、止痒、散毒、消肿、防蛀功能，以及至今尚流行于宁波民间的土方，推知樟叶之于河姆渡先民日常生活和医疗保健的意义；至于木桨这一现存最久的船舶推进工具，更使我们对可能有的远洋航行浮想联翩。置身于姚江之滨干栏式木屋群之间的我们，只能怀着宗教徒式的虔诚，向着那些不朽的魂灵致以最崇高的敬意和谢意！

（四）河姆渡文化衰落的原因及可能的去向

河姆渡稻作文化的生成与繁荣，固然得益于姚江平原相对优越的生态环境，却也在长期的演进过程中，形成了对大自然的特殊依赖，这种依赖无疑是导致该文化模式最终湮没的关键所在，因为“受制于自然资源而生长起来的文化模式”“缺乏坚韧的应变能力”，它在特定环境中的繁盛，也同样“缺少历史逻辑的坚实基础”[②]，一旦生存环

① 吴汝祚：《初探河姆渡文化人们的数理知识》，载《河姆渡文化新论》。

② 刘军、蒋乐平：《宁绍地区新石器时代文化若干问题的分析》，载《河姆渡文化研究》。

境发生突变，不仅容易前功尽弃，甚而有遭受灭顶之灾的可能。作为一支有着独立体系的文化类型，河姆渡文化在距今 5 000 年前后的衰落和外迁，就是这一论断的最好注脚。

其实早在全新世海退结束之初，河姆渡先民的生存环境就因为杭州湾喇叭口地势的形成而日趋恶化，这种喇叭口地势在很大程度上阻遏了姚江平原地表水的排泄，以至于洪涝灾害频仍，因而出现湖泊面积不断扩大、数量与日俱增甚而沼泽化的现象。从地层和古植被组成的变化推断，姚江平原至少遭受过两次特大洪灾的袭击，“第一次是河姆渡遗址第二期文化开始阶段（距今 6 500—6 000 年）”，具体表现为“水生植物花粉含量从 58% 下降到 5%，耐旱的草本植物如蒿类植物从 0.8%—3.1% 增加到 4.2%—7.8%”。“第二次发生在第四期文化阶段（距今 5 500—5 000 年）”，具体表现为“水生植物较前已明显减少，在相当于第四文化阶段的地层深度，普遍发现厚达 20—40 厘米的泥炭层”①。尤其是第二次洪灾，不仅淹没了河姆渡先民的家园，而且在河姆渡遗址与四明山之间

① 吴维棠：《七千年来姚江平原的演变》。

的“工”字形高地，冲刷出一条宽100余米的鸿沟，从而使得原本北排的姚江改道东泄。姚江改道东流的剧变，不仅给先民上山狩猎、采集增加巨大的麻烦，而且从此咸潮一日两次溯江而上，最终导致耕地的严重盐渍化，从而使得河姆渡先民赖以为生的稻作农业连年减产乃至于难以为继，于是，绵延近2 000年之久的河姆渡文化在距今5 000年前后，销声匿迹于姚江平原。

当前学界关于河姆渡文化衰落之后河姆渡先民去向问题的研究，可谓见仁见智、莫衷一是。其中，邵九华等人主张：在姚江改道、稻作农业颗粒无收的情况下，河姆渡先民“不得不放弃这块生活了近2 000年的土地，远走他乡”①。而赵晓波则认为：尽管“周而复始的洪涝灾害给河姆渡先民带来一次次毁灭性的破坏，但是先民并没有远走他乡，洪水退却后依然耕种在这块土地上”②。相对于前两种观点，石兴邦的论述显然更符合实际情况。他认为在河姆渡文化衰落之后，河姆渡先民的去向大致可分为下列三种：（1）继续留在河姆渡附近，并最终融入马家浜文化之

① 邵九华、邵尧明、夏梦河：《水环境压力和河姆渡文化迁徙的研究（摘要）》，载《河姆渡文化新论》。

② 赵晓波：《河姆渡周边遗址原始稻作农业的研究》。

中；（2）向西南发展；（3）向海洋和附近岛屿开拓①。近来他又撰文指出："好川文化"的发现，"为以河姆渡—马家浜文化传统为依托的百越先民，在原始时代向南和向海洋的发展和分流提供了论证"②。我们认为，河姆渡先民既没有在持续洪灾中全体覆没，也没有在河姆渡文化衰落之后全部离开姚江流域，不过，确实有相当部分迫于生存压力而南迁，甚至渡海越洋而去，譬如去年岁末，《人民日报》就曾报道在浙江仙居山间平原和温州楠溪江下游发现河姆渡文化晚期遗址的消息；而中国台湾的考古学家也从大坌坑、圆山等遗址中发现了河姆渡文化类型的陶器③。尽管这些考古发现尚不足以全面勾勒河姆渡文化南迁的轨迹，却实证了相关的推论，并为继续考证河姆渡先民的去向问题，提供了颇有价值的线索。此外，"以河姆渡及其后续为代表的长江下游新石器文化的若干因素，也可能影响到史前日本。如绳纹时代的玉玦、漆器以及稻作的萌芽，弥生时代及其以后的干栏式建筑，都可以从长江下游找到渊源

---

① 石兴邦：《河姆渡文化——我国稻作农业的先驱和"采集农业"的拓殖者》，载《河姆渡文化研究》。

② 石兴邦：《再论河姆渡文化的溯源和追流问题》，载《河姆渡文化新论》。

③ 详参《人民日报》，2001年12月21日。

关系”①。

“河姆渡遗址的发现，使人耳目一新，过去谁想到远在距今 7 000—5 000 年前，长江下游会存在如此灿烂的文化呢”②! 同样可以预见，对于她的深入考究，必将深化每一个炎黄子孙及关注中国传统文化的国际友人对中华远古文明的认知，而这，正是我们所热望着的。

（唐燮军）

---

① 安志敏:《长江下游史前文化对海东的影响》, 刊《考古》, 1984年第5期。

② 贾兰坡:《浙江余姚河姆渡新石器时代遗址动物群·序》, 海洋出版社, 1989 年。

二　仰韶文化

仰韶文化是我国黄河中游地区的新石器时代文化，因最早发现于河南省渑池县仰韶村遗址而得名，是中国诸新石器时代文化中的一支主干。它的前身是老官台、李家村、磁山、裴李岗诸文化，公元前 3000 年之后，这支文化在中原地区发展为庙底沟二期文化。

仰韶文化的分布以渭、汾、洛诸黄河支流汇集的中原地区为中心，北到长城沿线及河套地区，南达鄂西北，东至豫东一带，西到甘、青接壤地带。现共发现遗址约 1 000 多处，其中经较大规模发掘的典型遗址有 10 余处。根据放射性碳素断代并经校正，该文化的年代约为公元前 5000—前 3000 年。

（一）分区与类型

由于仰韶文化分布地域十分广泛，不同地区不同时期的文化面貌存在一定的差异。而如何较准确地反映仰韶文化的分区、类型和分期，学术界意见尚未得到统一（可参见《中国大百科全书·考古学卷》“仰韶文化”条）。本文根据《中国大百科全书·考古学卷》“仰韶文化”条，将仰韶文化分为以下 8 个类型。

1. 半坡类型

以西安半坡遗址的早期遗存为代表，集中分布在渭水中下游地区，南达汉水中上游，北及河套，东至豫西、晋南，西到陇东。为仰韶文化第一期，年代约为公元前 5000—前 4500 年。

2. 史家类型

以陕西渭南史家遗址为代表，分布地区与半坡类型相同。为仰韶文化第二期，年代约为公元前 4500—前 4000 年。

3. 庙底沟类型

因河南陕县庙底沟遗址而得名，分布范围以关中、晋南、豫西为中心，北到河套，南达江汉北部，西至洮河，东抵郑州附近。为仰韶文化第三期，年代约为公元前 4000—前 3600 年，是仰韶文化的鼎盛繁荣时期。

4. 西王村类型

以山西芮城西王村遗址的上层为代表，或称半坡晚期类型。它是庙底沟类型晚期发展起来的一支地方文化共同体，但两者间尚有缺环。主要分布在关中渭水流域、陕北、晋南和豫西。为仰韶文化第四期，年代约为公元前3600—前3000年。

5. 秦王寨类型

或称大河村类型，因发现于河南荥阳秦王寨遗址而得名，而以郑州大河村遗址的内涵最为丰富。它也是继庙底沟类型发展而来的一个地方类型，主要分布在河南省黄河以南，东起郑州，西至洛阳，南到汝河河谷平原及丘陵地带。也属于仰韶文化第四期，年代约为公元前3600—前3000年。

6. 后冈类型

以河南安阳后冈遗址下层为代表，主要分布在河南北部、河北南部。属于仰韶文化第二期，年代约为公元前4500—前4000年。

7. 大司空村类型

因安阳大司空村遗址而得名，分布范围与后冈类型相同，主要集中在豫北洹河沿岸和冀南漳河流域。为仰韶文化第四期，年代约为公元前3600—前3000年。

8. 下王岗类型

以河南淅川下王岗遗址早一、早二期遗存为代表，分布于江汉流域北部及唐河、白河流域一带，是仰韶文化早期阶段最南的一个地方类型。

从以上的划分来看，8个仰韶文化地方类型分别分布在4个主要地区，其中半坡类型、史家类型、西王村类型主要分布在关中晋南豫西地区；秦王寨类型（大河村类型）主要分布在豫中地区；庙底沟类型在上述两个地区都有分布；后冈类型和大司空村类型主要分布在豫北冀南地区；下王岗类型则是仰韶文化在豫西南鄂西北的一个地方类型。

而从各个类型所处时期看，仰韶文化可以分为4期：公元前5000—前4500年的第一期；公元前4500—前4000年的第二期；公元前4000—前3500年的第三期；公元前3500—前3000年的第四期。

（二）彩陶艺术

仰韶文化的彩陶艺术，是中国新石器时代艺术的一朵奇葩。那绚丽的色彩、精巧的图案，加上匀称优美的器物造型，几乎达到完美的艺术境地。

仰韶文化的彩陶，多数将图案绘制在手制泥质红陶上，一般是环绕外壁上部以黑彩绘出几何图案、植物和动物花纹；夹砂陶则较普遍地拍印粗、细绳纹。当时该文化的主要陶器器类有：盆、钵、平底碗、小口尖底瓶、细颈壶、斜沿罐、深腹瓮等，还有少量的釜、灶、鼎类器物。

由于仰韶文化分布十分广泛，各地方类型的彩陶都具有一些不同的特色。以仰韶文化分布的腹心地带——关中晋南豫西地区为例：

早期半坡类型的典型陶器有直口弧壁圜底或平底钵、卷唇斜弧腹或折腹圜底盆、平唇浅腹平底盆、直口尖底瓶、蒜头细颈壶、侈口鼓腹平底罐、小口细颈大腹壶、短唇敛口斜直纹或鼓腹小平底瓮等。纹饰主要有绳纹、线纹、弦纹、锥刺纹、指甲纹和彩纹等。彩陶纹样简单朴素，以红底黑彩为主，少数为红彩，母题有鱼、鹿（或羊）、蛙、人面等动物纹，少量植物枝叶纹，以及由直线、横条、三角、圆点、折波等组成的几何图案花纹。

中期史家类型陶器的特征及纹饰都与半坡类型大体相同，只是彩纹中增添了弧线、圆点构成的图案花纹和鸟鱼合成的动物图像。

承继半坡、史家类型而出现的庙底沟类型彩陶有了进一步的发展，达到仰韶文化彩陶艺术的最高峰。常见的陶

仰韶文化出土的人面鱼纹彩陶盆

仰韶文化出土的鱼纹彩陶盆

器器形有曲腹盆、曲腹碗、双唇小口尖底或平底瓶、宽肩小平底瓮、大口缸、折肩浅腹圜底釜、灶、盆形甑、釜形鼎等。纹饰有绳纹、线纹、划纹、附加堆纹以及彩纹。这一时期的彩陶处于仰韶文化的极盛时期，多为红底黑花，还出现了少量白衣彩陶、多彩纹饰，器物装饰显得更加绚丽美观。这时的构图以图案装饰为主，主要是以圆点、钩叶、弧边三角及曲线组成的带状纹饰，还有垂幛、豆荚、花瓣、网格等纹样，这些图案以二方连续的装饰方法，构成整组花纹，环绕器壁。此外还有少量鸟纹、鱼纹和蛙纹等动物图案存在。

豫中仰韶文化第四期的秦王寨（大河村）类型的彩陶也很有特色。临汝阎村出土的鹳衔鱼纹彩陶缸，画面生动形象，是现今发现的最大一幅彩陶画。

根据学者的研究，出现在彩陶上的纹饰可分为象生性

河南临汝阎村出土
鹳鱼石斧图

花纹和图案性花纹。象生性花纹包括人面纹、鱼纹、蛙纹、鸟纹、鹿纹等动物纹和各种植物性花纹，这些花纹中的一些很可能与图腾崇拜和经济生活有关。例如大量出现在仰韶文化彩陶上的鱼纹，不仅暗示着当时仰韶先民的渔猎生活，还可能蕴涵着先民们对于繁衍生息、生命力的崇拜意味。而图案花纹有些则是从鱼纹经过简化演变而来的。

（三）聚落和建筑遗迹

仰韶文化现已发现三处布局清楚、保留较为完整的聚落遗址：半坡、北首岭和姜寨。其中聚落布局保存得最为完整和清晰的是姜寨半坡类型聚落遗址，揭露面积达1.658万平方米，可分为居住区、烧陶窑场和墓地三部分。已在居住区内发现同一时期的房子100多座，分为5个居住群落，都环绕着一个面积较大的中心广场。每个群落前面有一座大房子，其附近围以10多座或20多座中、小型房子，周围还有许多窖穴和儿童瓮棺葬。所有的房门向都朝向广场，呈现出向心的布局特征。居住区西南以临河为天然屏障，东、南、北三面都有人工壕沟围绕。沟外的东、东北和东南三面分布三个公共墓地，窑场在村西临河岸边。

仰韶文化的房屋建筑，房基有圆形或方形，分大、中、小三种，有地穴、半地穴式、地面式建筑三大类，等到仰韶文化晚期，还出现了方形地面连间式的房子。其中早期房子以半坡、史家类型最为典型，主要是圆形或方形半地穴式的。其特点是房基凹下地面数十厘米，坑壁即为墙壁，有台阶或斜坡门道通往户外。面积一般在16—20平方米，个别作为集体公共活动场所的方形半地穴式房屋面积可达160平方米左右。屋内一般在正对门向的中心设一火塘（灶坑），有些灶坑内嵌有保存火种的砂陶罐。有的在门内两侧筑有低矮的小墙，有的在门道与居室之间有浅方坑形的门槛。屋内居住面

半地穴式建筑

和壁面，都涂抹了草筋泥并修整平滑，部分还经过烘烤。圆形房屋周壁墙中有密集的壁柱，室内有2—6根主柱以支撑屋顶。方形房屋的结构与圆形者大体相同。

仰韶文化中期的房屋以庙底沟类型为例，多为半地穴式和地面式的方形建筑。在这一时期出现了用挖槽法筑墙，并用红烧土块和砾石铺垫的建筑新方法。居住面涂抹草筋泥，晚期则开始使用石灰抹墙。

仰韶文化晚期的房子以秦王寨类型的方形、长方形地面式连间房子最具代表性，营造技术也较进步。连间房子有2间、3间或4间相连的，朝南或朝北各开门户，面积

仰韶文化大地湾遗址——地面式建筑

大小不一，由 2—20 平方米不等。建墙时先立木柱于基槽中，木柱间用芦苇编结，以藤条捆扎，然后再涂抹草筋泥。除最小的一间可能并非住房外，其余的房间都设 1—3 个灶台。

综上所述，仰韶文化的房屋，在 2 000 年的发展过程中，房基由半地穴到地面式，房基平面形状由圆形到方形再到长方形，结构由单间、双间发展到多间，立柱筑墙由插柱发展到以础垫柱，由平地起墙发展为挖槽筑墙，建筑技术呈现不断进步的趋势。

（四）墓地与葬俗

仰韶文化的埋葬风俗大致体现为：成人土坑墓一般集中在公共墓地，以仰身直肢葬为主要葬式，普遍有数量不多的随葬品；儿童瓮棺葬大部分分散在房屋附近。但是在 2 000 多年的时期内，这些葬俗也发生了一些变化，而且各地方类型都体现出各自的某些特点。

半坡类型的墓葬主要有半坡、北首岭和姜寨三处墓地，其基本特点是以单人葬为主，葬式多样，除仰身直肢葬外，还有二次葬、俯身葬、屈肢葬，个别的实行同性合葬。死者绝大多数头朝西，部分墓葬还有不多的随葬品。

儿童瓮棺葬也有少数与成人一样埋在公共墓地，葬具是夹砂红陶瓮上扣一个陶钵或盆，也有罐、钵相扣的，极少数瓮棺内也有数件随葬品。

史家类型墓葬主要包括史家、元君庙、横阵和姜寨二

半坡遗址墓葬坑

半坡遗址仰韶文化出土的随葬石球

期的墓地。这一时期葬俗较前期发生了较大变化，除小孩瓮棺葬、一次葬和单人二次葬外，集体二次葬成为主要葬制。一个坑内常有20具左右人骨，多的甚至达到70—80具，一般都分排分层头朝西整齐堆放。这些同坑埋葬的死者，在氏族内部当具有更亲近的血缘关系。此外，这些墓地分区、分期依次埋葬死者的现象，反映了当时很可能存在家族、氏族、部落的社会组织情况。

庙底沟类型的墓葬目前发现较少。以王湾墓地为例，墓葬分长方形土坑墓、小口尖底瓶墓和瓮棺墓三种类型，有的土坑墓有二层台。成人葬式一般为单人仰身直肢葬，头向西北，人头骨普遍有涂朱的现象。绝大多数墓葬没有随葬品，小孩仍用瓮棺。

姜寨遗址出土的合葬墓

豫中秦王寨类型的墓葬与庙底沟类型的基本一致。

上述仰韶文化各地方类型的种种葬俗，共同反映出仰韶文化居民灵魂不灭、来世生活的观念相当强烈的特点。合葬制的盛行，表明氏族血缘纽带关系十分紧密。头向的一致，则说明当时存在着死后回归故土或在另一世界生活的信念。而不同阶段葬俗的变化，尤其是半坡类型单人葬发展为史家类型的多人合葬，苏秉琦即认为："这就突破了原来氏族制男女有别、长幼有别的界限，……没有了辈分的差别，甚至没有了氏族成员与非成员的界限，这违背了氏族公社的基本原理，已是突破血缘关系的氏族分裂。原始公社制的破坏就已意味着文明因素的产生[①]。"

（五）社会经济

从经济类型看，仰韶文化是一种较发达的定居农耕文化遗存。仰韶文化居民将聚落营建在河谷阶地上，主要从事农业生产，同时饲养家畜，兼营采集、狩猎、捕鱼，还进行多种手工业的生产。

仰韶文化种植的粮食作物主要是粟和黍。在半坡115号窖穴中曾发现达数斗之多的粟壳堆积。姜寨则发现有黍。在分布较南的遗址如下王岗，则发现有稻谷的痕迹。

---

① 苏秉琦:《中国文明起源新探》, 第120页。

当时还种植蔬菜。半坡38号房子的一个小罐里，装满了已经炭化的白菜或芥菜之类的菜籽。

这一时期的农业尚处于原始的锄耕农业阶段，农具多为木、石器。早期可能采用尖木棒一类木质工具，石器则有斧、锄、铲等挖掘工具，长方形石刀和陶刀等收割工具，以及石磨盘、石磨棒和杵石等粮食加工工具。

仰韶文化出土的石磨

仰韶文化的家畜饲养并不十分发达，现在能够确认的只有猪和狗两种家畜。

采集和渔猎仍在仰韶文化经济中占有很大比重。榛子、栗子、松子等果实和水中的螺蛳以及一些植物的块根等，都是仰韶先民的采集对象。斑鹿、水鹿、竹鼠、野兔、狌、獾、羚羊、雕等，则成为仰韶先民的猎获物。他们的狩猎工具十分丰富，有10多种不同形式、多种材质（角、骨、石）制造的锋利箭头，还有石、角制的矛头和投掷用的石球。当时的聚落附近水域宽阔、水产丰富，从

半坡遗址出土的石网坠

现已发现的石网坠、骨鱼钩、渔叉等工具和彩陶上常见的鱼纹、网纹考察，仰韶文化先民的捕捞活动十分兴盛。

制陶术最能代表仰韶文化的工艺水平。尽管仍处于手制阶段，但稍后已采用慢轮修整口沿部分。彩陶成为这一文化最有成就、最富特色的原始艺术。专门烧制陶器的窑场当时在各个仰韶文化聚落都很普遍，构造分横穴窑和竖穴窑两类，较原始的横穴窑更为常见。

此外，纺织、编织、制革、制石和制骨等工艺也有一定的发展。在遗物上常见有布纹、绳纹、篮纹和席纹，又有不少的纺轮、骨针和骨锥出土，这些都是当时纺织、编织发达的一种表

制陶示意图

现。当时打制的石器虽然仍占相当比例，但大部分的石器已经采用了磨制的方法，且切割石材和穿孔的技术被普遍使用。

（六）社会性质

关于仰韶文化的社会性质，大多数学者认为，其早、中期处于母系氏族公社繁荣阶段，晚期则向父系氏族公社转变；也有少数学者认为整个仰韶文化都属于父系氏族公社阶段。

认为仰韶文化处于母系氏族公社的观点，主要以当时社会经济、聚落布局和埋葬习俗为其论证依据。他们认为，当时的社会经济生活主要以原始锄耕农业为主，采集、渔猎和家畜饲养为补充。聚落的向心布局表明，当时的人们生活在以血缘纽带联结起来的氏族集体当中。而从墓葬反映的埋葬制度看，氏族成员死后埋葬在集体墓地当中，其葬坑的排列组合反映出维系氏族团结的血缘纽带，无论在死者生前还是死后，都是牢固的。而且女性在葬制中，明显处于中心地位，女性厚葬、母子合葬都是女性受到尊敬的表现。说明在氏族内部，世系按母系计算，当时妇女很可能承担主要的社会生产劳动，料理氏族内部集体生活的各种事务。

认为仰韶文化属于父系氏族公社的学者，则提出当时已处于发达的锄耕农业阶段，时间已在第一次社会大分工之后；而且墓葬中出现了随葬品的多寡、有无的差别，应体现了私有制萌芽，可视为父系氏族社会的特征。另外，也有学者把仰韶文化晚期轮制陶器的产生和多间房子的出现，作为父系氏族社会产生的前兆。

（黄爱梅）

三　红山文化

中国北方地区的新石器时代文化，因1935年首先发现于内蒙古赤峰红山后遗址下层，1954年遂被命名为红山文化（最初称作“赤峰第一期文化”）。中华人民共和国成立后，对红山文化又做了许多工作。

红山文化的分布范围，北起昭乌达盟的乌尔吉木伦河流域，南到辽宁朝阳、凌源和河北北部燕山地带，东至哲里木盟、锦州地区。

先后经过发掘的遗址，有赤峰西水泉、蜘蛛山、巴林左旗南杨家营子、敖汉旗三道湾子、四棱山等。1979年以后，又在辽西喀左县东山嘴发现了大型石砌祭祀遗址；1983—1984年，又在建平、凌源两县交界的牛河梁村发现了一座“女神庙”和几十处积石冢群，以及一座面积约4万平方米的石砌围墙遗址。

据碳14测定，估计其绝对年代约为公元前3500年，相对年代与仰韶文化大致相当，而早于夏家店下层文化，属新石器时代中晚期。

（一）文化特征

1. 红山文化的社会经济生活以农业为主，兼营畜牧、狩猎和采集。在遗址中发现了较多的石农具和饲养的牛、羊、猪的骨骼和狩猎获得的鹿、獐等动物遗骸。

2. 当时人们已定居在靠近河岸台地或较高地点的村落内。红山文化的房址，至今发现很少。南杨营子遗址发掘了四座，水泉遗址发掘了三座。在村落遗址内发现的房屋

红山文化生活场景模拟

遗迹，多为圆角方形和长方形的半地穴式，有大型和小型两种。小型的长宽在4米左右，留存的墙壁很矮，室内地面经过锤打，中央设瓢形灶坑。在赤峰西水泉发现了一座大型房址，东西9米，南北11.7米，南面有斜坡状门道，除室内中央有瓢形大灶坑外，北部也发现灶坑，可能原来有隔墙。

3. 生产工具以石器为主，分细石器、打制石器和磨制石器三类，其中又以磨制石器为最多。主要器形有掘土工具耜（过去称为犁，不确切）、双孔石刀以及锄、铲、斧、锛、磨盘、镞等，还有骨器和角器等。这表明，红山文化的居民过着定居的生活，从事以原始农业为主的生产。遗址中还经常发现牛、羊、猪等家畜的骨骼，鹿、獐等兽骨以及大量的石镞，反映了渔猎、畜牧也占有相当的比重。

4. 陶器和陶窑的发现。陶器多夹砂褐陶和泥质红陶，并有少量泥质灰陶与黑陶，均为手制。纹饰有压纹、划纹、附加堆纹、菱形纹、鳞形纹等。压纹多呈“之”字形，受东北新石器文化的影响。划纹多为平行直线纹。附加堆纹有条状和瘤状两种，主要饰于夹砂陶器的口或腹部。彩绘仅饰于泥质红陶，是先绘彩后烧制，有黑彩和紫彩，受中原仰韶文化的影响。不同陶质的陶器，其器类、纹饰各有特点。夹砂褐陶有大口深腹罐、折口深腹罐、斜口罐，这些罐的特点是大口、小平底、腹壁呈弧形、器底表面几乎都有编织物痕。泥质陶器形有罐、盆、钵、瓮等。钵多“红顶碗”式，有深腹、浅腹之分，还有折口钵和折腹钵。罐有小口双耳罐、长颈深腹罐、敛口罐等。小口深腹瓮器形很大。

双耳红陶黑彩罐

敖汉旗四棱山遗址发现的陶窑，由窑室、火道、火膛三部分组成，有单室窑（如 Y1），也有双火膛的连室窑（如 Y6）。单室窑有的室内有两个窑柱，有的四个窑柱。连室窑（Y6）的双火膛左右并列，经斜坡状火道与一个横长方形的窑室相通，窑室内分列八个窑柱，窑室与窑柱均为土石结构，表面抹草泥。连室窑的结构，应是单室窑的扩大和发展，比单室窑先进。

5. 出土了许多精美的各种玉器，堪与浙江良渚文化相媲美。其实，早在清朝末年，红山文化的玉器就已见诸著

龙形红山玉

红山文化玉器代表——勾云形玉佩

录，后为博物馆收藏，并流出海外。1989年，牛河梁第二地点一号冢M21又出土了许多玉器（如青玉小龟，与M21同冢的M1出土了两件玉龟）①。

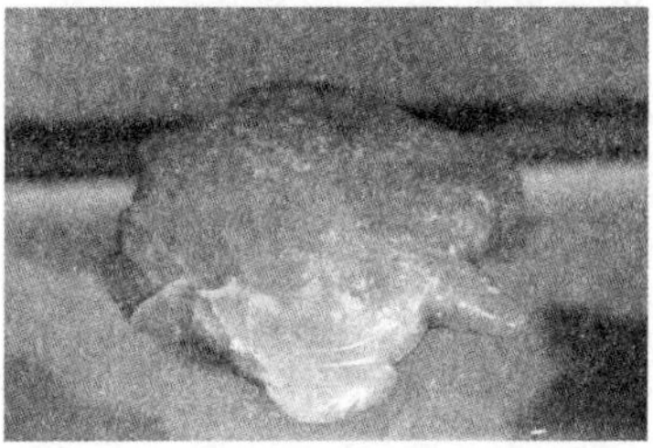

玉龟

在红山文化的玉器中，颇为引人注目的是龙题材的玉器，其中又以玉雕猪头龙最具有代表性，业已有研究者做出专论②。研究者进一步指出，这说明红山文化晚期已经进入铜石并用时代。

① 辽宁省文物考古研究所:《辽宁牛河梁第二地点一号冢21号墓发掘简报》,《文物》,1997年第8期；辽宁省文物考古研究所:《辽宁牛河梁第五地点一号冢中心大墓（M1）发掘简报》,《文物》,1997年第8期。

② 孙守道、郭大顺:《论辽河流域的原始文明与龙的起源》,《文物》,1984年第6期。

6. 墓葬发现较多，墓地多选择在山坡上或高台地上。墓葬的特点是用石块围成墓圈或盖顶，即所谓“积石冢”。墓的结构分石棺墓与土坑墓两种。石棺墓又分单室墓与连室墓两种。死者葬式多为单人仰身直肢葬，方向不一。墓内的随葬品悬殊较大。小墓往往无任何随葬品，大墓则有较多的随葬品。墓室形状分方形、长方形和圆形。墓室有单室墓和多室墓①。

7. 祭祀用品的发现。在“女神庙”内发现了一些陶制祭器。如 JIB：10 发现的一个豆形器盖，发掘者“推测为祭祀用器”；又如 JIB：14 发现的一块彩陶镂孔大器残片，发掘者认为“当属专用祭器”②。

8. “女神”泥塑造像的发现。“女神庙”遗址出土的人像泥塑造像，最为引人注目。泥塑女神像“雕刻得极为逼真，有很高的艺术性”。JIB：1 出土的是头部残片，JIB：

① 吕遵谔:《内蒙赤峰红山考古调查》,《考古学报》, 1958年第3期; 佟柱臣:《试论中国北方和东北地区含有细石器的诸文化》,《考古学报》, 1979 年第 4 期; 刘观民、徐光冀:《辽河流域新石器时代的考古发现与认识》,《中国考古学会第一次年会论文集》, 文物出版社, 1980 年; 徐光冀:《红山文化》,《中国大百科全书 · 考古学》, 第 198—199 页, 中国大百科全书出版社, 1986 年; 安金槐主编:《中国考古》, 第 162—166 页, 上海古籍出版社, 1992 年。

② 辽宁省文物考古研究所:《辽宁牛河梁红山文化“女神庙”与积石冢群发掘简报》,《文物》, 1986 年第 8 期。

5出土的是肩部残片，JIB：2和JIB：4也出土了残片，根据这些人像泥塑残片的造型，发掘者推断它们的原型应是一些女神像，而“女神庙”一名即由此而来①。

女神像

（二）研究状况

1. 分期与类型

虽然说红山文化已经出土了一批陶器、石器、彩陶和房屋，但若依据它们来分期，一时还不能确定。

关于红山文化类型的划分，有人认为，可以根据赤峰红山后和朝阳东山嘴两地的红山文化遗址出土的陶器、石器和遗迹，似可划分为“红山后类型”和“东山嘴类型”，但至今尚无定论。

东山嘴遗址出土的彩陶盆

① 辽宁省文物考古研究所：《辽宁牛河梁红山文化“女神庙”与积石冢群发掘简报》，《文物》，1986年第8期。

2. 文化来源

关于红山文化的考古学内涵，大体有过三种看法：（1）认为红山文化是这个地区具有自身特征的一种新石器时代文化，有自己的发生、发展过程，也曾受到其他文化（例如仰韶文化）的影响①。（2）认为红山文化是属于仰韶文化系统的原始文化，或者说是仰韶文化的一种地方变体②。（3）认为红山文化很可能是细石器文化和仰韶文化接触后所产生的一种混合文化，或很可能是两者相互影响之后所产生的一种新文化，含有两种文化的因素③。目前，第三种说法已不甚流行。

3. 社会发展状况

关于红山文化的社会发展状况，学术界做过非常有益而深刻的探讨。郭大顺等人认为，5 000 年前的辽西曾经存在过一个具有国家雏形的文明社会④；苏秉琦认为，红山文化属于“古国”阶段。苏秉琦是在分析辽西地区属于红

---

① 刘观民、徐光冀：《辽河流域新石器时代的考古发现与认识》，《中国考古学会第一次年会论文集》。

② 《辽宁敖汉旗小河沿三种原始文化的发现》，《文物》，1977 年第 12 期。

③ 尹达：《新石器时代》，三联书店，1979 年；《中国石器时代》，1962 年。

④ 郭大顺、张克举：《辽宁喀左县东山嘴红山文化建筑遗址发掘简报》，《文物》，1984 年第 11 期；辽宁省文物考古研究所：《辽宁牛河梁红山文化“女神庙”与积石冢群发掘简报》，《文物》，1986 年第 8 期；孙守道、郭大顺：《牛河梁红山文化女神头像的发现与研究》，《文物》，1986 年第 8 期。

山文化的喀左东山嘴祭坛遗址和牛河梁“女神庙”、积石冢遗址之后提出“古国”概念的。“我国早在5 000年前，已经产生了植根于公社、又凌驾于公社之上的高一级的社会组织形式”，他把这种“高于氏族部落的、稳定的、独立的政治实体”称之为“古国”①。谢维扬先生进一步加以说明，苏秉琦“在这里所说的‘古国’实际上是属于前国家范畴的”②。具体而言，牛河梁遗址提供的是一个“复杂的前国家社会”的例证，代表的社会基本上也可以认为属于酋邦类型，“这里主要考虑到两个因素，一是这个社会比典型部落社会复杂，二是这个社会中个人作用的特别地位”③。而属于同时期的东山嘴遗址的意义与此相同，“它提供了辽西地区又一个超部落的前国家复杂社会的实例。在这个社会中可能有一种严格的社会秩序和某种具有特别地位与权力的个人存在”，“这个社会也可能是属于酋邦类型，而与部落联盟那种均质的社会是不同的”④。

（彭　华）

---

① 苏秉琦:《辽西古文化、古城、古国》,《文物》, 1986年第8期。
② 谢维扬:《中国早期国家》, 浙江人民出版社, 1995年, 第276页。
③ 谢维扬:《中国早期国家》, 第300页, 浙江人民出版社, 1995年。
④ 谢维扬:《中国早期国家》, 第304—305页, 浙江人民出版社, 1995年。

四　良渚文化

所谓良渚文化是指我国东南沿海长江三角洲地区一系列重要的新石器时代文化遗存。1936年，施昕更先生首先在浙江余杭的良渚镇发现了以黑陶和磨光石器为主要内容的史前文化遗址，引起世人注目。经过初期的两次清理发掘，人们发现良渚遗址实际上应是位于良渚镇周围的横圩里、茅庵前、棋盘坟等多个小面积地点的总称。

良渚文化起初不是这个叫法，名称的由来还有一段小插曲。人们曾一度认为它是龙山文化的一个分支，将其称为“浙江龙山文化”。这是因为良渚文化的黑陶特征以及鼎、豆、杯方面与山东龙山文化存在一定的相似之处。但是经过进一步的深入研究，发现两者有明显差别。龙山黑陶大多表里一致，为平底器，薄胎素面，良渚黑陶却是外黑胎灰，器底常带圈足，器壁较厚，并多有纹饰。从鼎足的造型来看，龙山多是鬼脸形，良渚则多为扁形、T形或鱼鳍形。看来不能简单将两种文化划为一个系统，于是1959年，夏鼐提出“良渚文化”的命名，由此良渚文化在中国新石器时代考古学文化中的地位才正式确定。

良渚文化距今约5 200—4 000年左右，是在崧泽文化的基础上发展起来的。其分布范围主要在环太湖地区，以杭州西北部的良渚、瓶窑、安溪一带为中心区域，东抵海滨直达舟山群岛，西到宁镇山脉，南至杭州湾一带，北跨长江至江苏北部。迄今为止，已经发现良渚文化遗址数十处，其中比较重要的有浙江余杭的良渚、反山、瑶山、吴兴钱山漾；江苏新沂花厅、草鞋山；上海马桥等。通过对各处遗址的清理发掘，良渚文化的神秘宝盒渐渐开启，呈现出一个异彩纷呈的世界。

（一）先进的犁耕农业

良渚人过着农业定居生活，兼以采集狩猎和饲养家畜为辅。他们在沼泽的边缘开发出水稻田，用石犁来耕种。石犁在崧泽文化晚期已出现，但形体偏小，良渚时有了较大改进，使用较为硕大扁薄、刀在两侧的三角形石犁。在石犁以前，人们用耜或锄来耕作，每翻一耜或一锄土，人就后退一步，是间歇性的生产方式。而石犁耕田用前拖后

良渚文化石犁

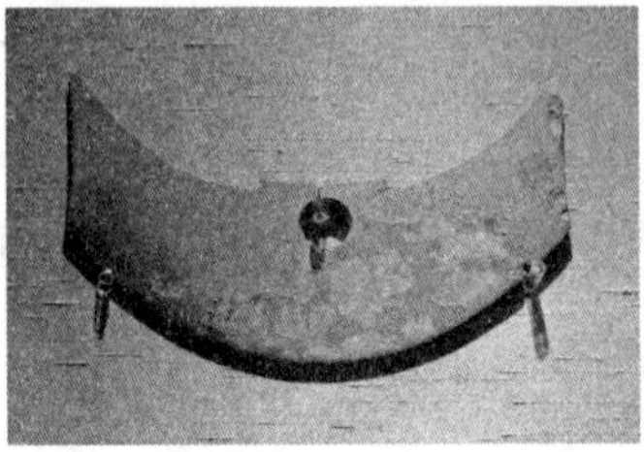

良渚文化耘田器

推的力量，连续性翻耕土壤，人随犁的硬土前进并不间歇，大大提高了耕田的效率。

稻谷播种下去之后，面对田间的杂草，良渚人也自有办法，他们发明了耘田器来锄草。耘田器名称的由来是因为其形状像现代的耘田工具。这种石制工具刃部呈弧形，两翼上翘，背部中央导孔用来装柄，在钱山漾等遗址中均有发现。为了让禾苗长得更为茁壮，良渚人还用千篰捻取河道中的污泥，同水草混合发酵作为肥料。

水稻的生长需要保持适当的稻田水位，但是遇到滂沱大雨或干旱的天气，很容易造成田中积水或缺少水量。聪明的良渚人又发明了用于挖沟开渠的斜把破土器，开沟排水或放进水

良渚文化破土器

良渚文化五孔石刀

良渚文化酒器：红陶盉

量。这种小型的引排水设施使水稻的收成得到一定的保证。

辛勤的劳作终于等到稻谷成熟的季节，良渚先民们欢快地挥舞石镰收割禾叶，用半月形的穿孔石刀摘取稻穗，再用木杵和陶（石）臼对稻谷进行加工，待到这最后一道工序完成，就可以煮食清香四溢的米粥了。葫芦、甜瓜、泡瓜、菱角、花生、蚕豆、竹笋、蕨菜等，都是良渚人喜欢种植或采集的蔬菜，鱼、蟹、鳖、龟、蚌等多种水产品更是味道鲜美。氏族里饲养着猪、狗、牛、鸡，强壮的氏族成员还要去捕捉鹿、獐等野味。丰收的季节不能缺了好酒来助兴，多余的粮食和梅、枣等水果都是酿酒的好原料。良渚人用那些带流、带嘴的滤酒器将美酒轻轻滤过，盛在精巧的双鼻壶、贯耳壶、三足盉等酒器之中，围着篝火，举杯痛饮。

（二）发达的手工业

酿酒只是良渚先民的本领之一，那些造型各异、已经构成一套组合系列的酒器，告诉我们良渚文化的制陶工艺非同一般。当时已采用了快轮制陶技术，陶系有夹砂陶与泥制陶两种。前者以红陶和灰陶为主，后者以黑皮陶最具特色。所谓黑皮陶是指器表披着一层黑陶衣，打磨光亮，内胎为灰色的陶器，因其风格独特，素有“良渚黑陶”之称，是良渚文化的显著特征之一。前文提到，良渚文化曾一度因为其黑陶与龙山黑陶有相似之处而被认为是龙山文化的分支，但是现在有学者

良渚文化彩绘陶罐

认为良渚文化的起始年代早于龙山，龙山文化的黑陶可能受到良渚文化的浸润和影响。

除了陶器，良渚文化的竹编、木作也具上乘水准。竹器主要有篮、簸箕、谷箩、门扉、席等生活用品。制造竹器的竹篾，大都经过抛光，均匀细薄，可编织人字、梅花等不同图案。木作以桨为最多，可见人们已学会利用舟楫在水上往来交通。另外还有将整段粗木中间对剖凿空，再合拢而形成的木井圈，及木盆、木杵等各种生活用品。

浙江有丝绸之府的美称，其历史可能要上溯到 5 000 多年前的良渚文化。因为我们既发现了先进的纺织工具又发现了蚕丝和早期的纺织品。前者主要是反山和瑶山出土的玉纺轮、玉捻杆、机刀、木卷布轴、分经杆，后者主要是钱山漾与草鞋山出土的绸片及麻布片。把这种布片拿到显微镜下观测，经密已达 134 根 / 寸，纬密已达 122 根 / 寸，足见纺织技术之高。

如果说布料的出现说明良渚人已着衣蔽体，那么浙江慈湖遗址出土的“木屐”则证明良渚人已有了鞋来保护双脚。所谓“木屐”，其屐板比足大，正面平坦，前端一侧略成委角状，头和中部两侧钻有 2 至 3 个圆孔，用来穿绳结带系在脚上，相对的两圆孔之间有凹槽，以防埋入的穿孔结带的绳索磨断，后端较方，底部无跟。这种制作结构及质地适合于在温暖多雨的长江下游地区活动。传说春秋时吴王夫差曾在苏州建有一条长廊，每当美女西施在廊中翩翩起舞，就会传来清脆悦耳的音乐声，但现场却没有任何乐器，声音从哪里来？原来吴王命人在长廊下挖坑，埋下一排大陶缸，陶缸上铺了一层富有弹性的梓木板，让西施脚着精巧木屐，身穿系有铜铃、玉佩的衣裙，舞于其上，木屐踏板，发出犹如木琴般的节奏，与铃声、玉佩声共鸣，伴随西施的曼妙舞姿，形成一曲独具江南特色的古典音乐，这条长廊也因此被称为“响屧廊”。吴越地区出现的木屐可能就源于良渚文化，后来还逐渐传入朝鲜、日本和东南亚国家。

（三）晶莹润泽的玉器

中华民族是世界上最早制玉，也是最为崇玉的民族，玉在人们心目中是美好圣洁的象征。玉由石来，玉器制造是在石器制造技术高度发达的基础上发展起来的。良渚文化最有特色的内涵、最为丰富的文化遗存就表现在玉器上。以大量玉器作为陪葬品的“玉殓葬”现象在良渚文化的很多遗址中均有发现。例如 1986 年反山发掘的一处墓葬中，出土玉器 3 200 多件，品种丰富，制作精美，简直是一个琳琅满目的玉器王国，轰动了中外考古界。

良渚玉器按其用途划分大体有两类：一类是礼器或宗教用品，另一类是装饰用品。前者主要包括琮、璧、钺；后者主要包括珠、玦、环等。

玉琮：玉琮的造型颇为奇特，呈筒状，外边方形，中间圆形，大小高矮不一，大的高达 49.5 厘米，小的则只有 3—4 厘米。琮体外表分为若干节，每节的各个柱面都雕有兽面纹。反山出土的一件玉琮，由嫩白略显浅黄色的玉制成，一侧有不规则的紫红色瑕斑，呈矮方体造型，宽 17.6 厘米，高 8.8 厘米，重达 6.5 千克，被称为“琮王”。在琮的四面刻有八个神人兽面纹。所谓神人兽面纹是神人与兽

良渚文化玉器：玉琮

良渚文化玉器：神面玉琮

面的复合像，人面在上，呈倒梯形，头戴羽状冠，两眼圆睁，鼻宽而扁，嘴大而阔，露出两排整齐的牙齿，双臂弯曲，四指平张，双腿盘坐，脚为三爪鸟足。神人的身体部分又构成一兽面像，双眼瞪视，鼻长而宽，阔嘴中伸出两颗獠牙。神人的上肢就像兽面的双眉，神人的下肢又如兽面的胡须，二者融为一体，构思巧妙。这种神人兽面纹在其他玉器上也多有发现，应该是良渚先民的族徽。那时金属器具还未出现，能刻出如此精微的图像，堪称绝技。

至于玉琮的含义，有人根据其内圆外方的造型，认为它是中国古代天圆地方宇宙观的反映。也有人认为玉琮出土位置十分特殊，凡站立的皆是倒置，琮面的兽面纹也因琮的倒置而成倒脸，表明琮是一种祭地的礼器，《周礼·春官·大宗伯》中“黄琮礼制”似是由此发展而来。还有人说：玉琮“既是寓宗教祭祀于一体的法器，又是部族方国间交聘馈赠的礼器。它之所以常被随葬入墓中，显具保护死者灵魂、镇墓厌胜、避凶祛邪之魔力，又因拥有琮的主人均属氏族显贵，故玉琮也就成为死者生前权力地位和财富的象征”①。

---

① 林华东：《从良渚文化看中国文明的起源》，《浙江学刊》，1994年第6期。

玉璧：玉璧呈扁平圆片状，中间穿一个小圆孔，大小不一，以外径10—26厘米最为常见。中国古代文献中常将璧与琮并提，例如《周礼·典瑞》称“驵璧琮以敛尸”。在良渚文化中，璧与琮也是成套出土的，凡是有璧的墓，必然有琮。有学者根据《周礼·春官·大宗伯》中“以苍璧礼天”的记载认为璧是祭天的礼器，还有人认为它是太阳神灵的象征，总之与原始宗教有关。另外玉璧与玉琮一样，也是部族方国间馈赠礼聘的重要礼器以及死者生前地位和财富的指示器。

良渚文化玉璧 1

良渚文化玉璧 2

玉钺：玉钺是一种刃为弧形，器身扁薄，与“风”字外壳形类似的斧形器，中部偏上的地方钻有一圆孔，用绳索藤条穿过孔可以将钺身固定在木柄上。良渚出土的钺有

良渚文化玉钺（随葬）

石质和玉质两种，都没有使用的痕迹，表明不是实用器，那是用来做什么的呢？大多数学者认为钺是一种军事权力的象征，拥有钺者生前处于尊贵神圣地位。因为凡是出土玉钺的墓，必然有玉琮、玉璧等随葬，并且玉器随葬品的等级也往往高于没有玉钺的墓。后世史书载商汤、周武王等首领指挥军队时，均以钺握于手中。《史记·殷本纪》："汤自把钺，以伐昆吾，遂伐桀。"《尚书·牧誓》："（武）王左杖黄钺，右秉白旄以麾。"

爱美之心人皆有之，考古学家贾兰坡称山顶洞人是一群爱打扮的人，如果跟良渚人相比，则是小巫见大巫了。这个迷玉的族群用玉饰品把自己从上到下全部装扮起来。锥形器是用来挽发或插帽，装饰头部的；玉玦形如玉环，带有缺口，正好夹入耳垂，是一种耳饰；玉管、玉珠和玉坠等组合成串，是项饰，可长可短，长的到腰腹部，短的到颈部；玉镯戴在手腕上，玉钏则戴在手臂上；玉带钩是专为男子准备的一种腰间佩饰；脚虽然在身体的最下方，

良渚文化玉珠串

良渚文化玉镯

但良渚人也毫不马虎，在足踝处戴上了由玉珠、玉管组成的足链。玉已经成为良渚人生活中不可缺少的一部分，既与他们内在的精神世界密切相关，又与他们外现的仪表美容紧密相连。

（四）庄严肃穆的土台

良渚遗址中有一个很明显的现象就是营建土台。所谓土台就是用泥土人工堆积成的丘状山墩，其醒目高大的余势，在今天的太湖地区仍可一见。根据目前的研究情况来看，良渚土台大致分成三类：一是墓地，二是基址，三是祭坛。

墓地：良渚文化的墓葬迄今已发现数百座，其中大墓有专门营建的墓地，多分布在地势较高的土台上。中小墓一般没有墓地，有的依附于大墓墓地的边缘，有的在低处

良渚文化墓葬遗址

择地入埋。各墓墓向大体一致，均朝南。墓与墓之间排列有序，例如在反山发现的良渚文化墓地，呈东西向排列，分成南北两排，三座一组，略呈“品”字形，证明墓地并非随意堆筑，事先已有某种设计规划，可能排列方式反映了各墓主人之间复杂的血缘或社会关系。

墓葬内的特点是：头朝南或稍偏，一般是仰身直葬，有随葬器物。墓葬规格不同，随葬品的数量、质地也不同。大墓随葬品数量丰富，质地上乘，玉器居多，中小墓仅有少量的玉器，有的只有石器或陶器，有的干脆一无所有。贫富分化、贵贱之别已很明显。有人认为大墓墓地应是良渚文化中显贵或首领的大型专用墓地，又建筑在地势颇高的土台上，与埃及法老的陵寝有一定的共性，因此称其为“土筑金字塔”。

基址：建筑在土台上的一处典型大型基址就是赫赫

有名的莫角山遗址。莫角山遗址是一个由人工筑成的长方形土台，东西长为670米，南北长为450米，高5—7米，总面积约为30万平方米。土台上还分布着三个高4—5米的小土台。在莫角山遗址的东南部发现了大面积的夯土基址及燎祭痕迹，还有成千上万的红烧土坯残块；在北部发现成排分布的接近圆形或椭圆形的大型柱洞，根据柱坑的遗迹分析，当年用于建筑的木柱直径一般为0.5米，有的达到0.9米。这些表明在此处曾存在一个恢弘的建筑体，它是一座富丽堂皇的宫殿？还是一座崇高威严的神庙？或是其他？人们议论纷纷，也许随着进一步的发掘与研究，人们迟早会揭开它神秘的面纱。

祭坛：早期人类都有灵魂不灭、神明主宰一切的原始宗教观念。良渚人也是如此，在玉器中反复出现的“神人兽面纹”可能就是良渚人崇拜的神。另外，良渚人对祖先也敬奉有加。为了表达这种心理与情感，他们举行定期的祭祀活动。祭祀要有专门的场所，于是祭坛应运而生。

祭坛是用土石营筑的高台，在瑶山、汇观山等遗址中均有发现。以瑶山祭坛为例，为近方形的慢坡状，边长约20米，面积约400米。分为三重，每重土色不同。中心为

良渚文化祭祀摹拟现场

红色土方台，外围是灰色土填充的围沟，再外是用黄褐色土筑成的围台，围台面铺砾石，边缘也以砾石叠砌。祭坛强调内外色差，以多色土构成，增添了祭祀场所的神秘色彩。这种祭坛建筑风格给后世祭坛设计带来很大的启发与影响。

（五）两点争论

综上所述，良渚文化无疑是中国史前文化中的一朵奇葩，然而令人费解的是，绵延了近千年的良渚文化竟戛然而止，太湖地区在良渚文化以后的近千年内，还没有发现任何可与其相比拟的文化遗存。良渚文化到哪里去了，它为什么会夭折？这个问题给良渚文化增添了神秘色彩，也成了史学界争论的一个焦点。目前主要有两种看法：

外因论：由于外部生存环境发生变化，出现某种自然灾害，造成良渚文化衰败甚至毁灭。其中又有两种说法：

气候恶化论。认为气候恶化阻碍了良渚文化的发展。通过对生态环境和地文资料的综合研究，大约在距今4 500—4 000年期间，我国境内出现了一次冰川期，各地气温普遍降低。黄河流域、青藏高原和东南沿海各地都受到严寒的侵袭。黄河流域一些喜温湿的动物如水鹿、水牛等大量消失，黄土堆积中发现的都是狍子等喜温凉的动物，风沙沉积较厚，这些都印证当时出现了大规模的气候恶化现象。位于长江三角洲的良渚文化也在劫难逃，因为良渚文化以水稻为业，以渔猎捕捞和采集多种植物为生，适合于在一个温暖多水的环境中发展，持续几百年的严寒气候使其一蹶不振。

洪水论。认为滔天洪水冲毁了良渚人的家园。距今4 000多年前，出现冰融期，太湖地区及淮河流域发生特大洪水，太湖水位迅速上升，淹没了周围低地，良渚文化遭到了严重打击而夭折。大禹治水和良渚文化在这个时期形成一层厚达50厘米的淤土层，都证明良渚先民确实因洪水遭到灭顶之灾。

内因论：良渚文化不是因外部原因走向毁灭，而是其自身发展规律的结果。

良渚文化的主要标志是高度发展的玉器文化。赵辉在《良渚文化的若干特殊性》一文中讲到这种文化的主要特征是：（1）社会组织化程度高，以宗教为指导；（2）大量人员从事制玉，是一种非生产性的劳动支出，给社会带来极大浪费；（3）生活风气倾向于享乐型。当良渚人还沉迷于玉器文化之时，北方已进入青铜文化发展期，玉器文化属于石器时代，其生产力发展水平无法与铜石并用相比。当北方龙山文化向包括南方在内的周边文化区扩展时，良渚文化也受到极大的冲击，着重于精神生活的玉文化难以抗拒代表先进生产力的青铜文化，于是走向衰落，被吸收融入中原文化之中。

还有人认为良渚文化已进入阶级对抗时代，社会上层为了聚敛财富，对内集权，对外掠夺，导致内外矛盾重重，战争频繁，这一时期墓葬中大量出现象征军事武力的石钺或玉钺就是有力的证明。战争给社会带来了创伤，必然导致文明的衰落。

关于战争，另有人说良渚属于蚩尤部落，在与黄帝大战中失败，被迁往北方各地，所以在山西襄汾、陶寺墓地，陕西神木、石峁等地，都出现了良渚遗物。

看来良渚文化消失的原因到底是什么，目前还没有定论，有待于进一步探讨研究。

关于良渚文化还有一个问题颇受关注，争论也很多，即良渚文化的社会性质问题，其中谈得最多的是良渚文化是否进入文明社会。主要有门外论、门槛论、门内论三说。所谓门，指的是文明的大门。

门外论：此观点认为良渚文化同文明时代的标志，还存在较大的差距，只能说它处在社会发展的剧烈变革阶段，还不能说它进入了文明社会。提出此说的主要代表人物安志敏在《良渚文化与文明起源》一文中认为目前大抵以城市、文字、金属器和仪礼性建筑作为文明时代的具体标志。从考古学上衡量良渚文化的社会属性：（1）良渚文化的聚落遗址还不属于城址的范畴；（2）良渚文化出土器物上的符号缺乏记事功能，还不能作为文字对待；（3）良渚文化还未发现金属器的痕迹；（4）莫角山土台建筑遗址的属性目前尚未明确，不能简单看作礼制性建筑。“以上种种，表明良渚文化同文明时代的主要标志，还有较大的差距。……还不足以作为文明的源头来对待①。”

门槛论：此观点认为良渚文化正站在文明的门槛上，具备了文明时代文化的一些要素，但还不完全具备，处在形成发展过程中，已经看到了文明的曙光。研究者分别从大型建筑基址、文字、祭坛等各方面来论证。

严文明在《良渚遗址的历史地位》一文中认为：(1)良渚文化莫角山遗址是礼制性建筑；(2)反山、瑶山等玉礼器的种类形制和神人兽面纹具有高度一致性，说明当时存在一个对整个良渚文化有某种程度控制和统治的中心。“良渚文化在龙山时代是一个比较发达的文化，……龙山时代是中国文明起源的关键时代，……东亚文明曙光……最初照射的几束光芒中，良渚的一束显得特别耀眼②。”

毛昭晰在《良渚文化与文明起源之管见》中非常推崇夏鼐的观点，即文明的最重要标志应为文字。良渚文化器物上的图形和符号还难以证实是真正的文字，历史上的文明发祥地都有非常丰富的文字资料。相比之下，良渚文化的文字资料显得过于贫乏，所以从文字而论，还不能肯定良渚文化已跨进了文明的门槛，只能说良渚文化正站在文明的门槛上，

---

① 安志敏：《良渚文化与文明起源》，《浙江学刊》，1996年第5期。
② 严文明：《良渚遗址的历史地位》，《浙江学刊》，1996年第5期。

氏族制度快要走到尽头，已经从这里看到文明的曙光。

石兴邦认为衡量中国史前文化是否进入文明社会的主要标志应是宗庙，因为在中国古代社会，宗法制占国家主体地位。良渚文化中没有发现确属宗庙的物证，只发现祭坛，是否为宗庙，尚待确证。良渚文化孕育了文明国家的胚胎，但还不是文明社会。

门内论：此论认为良渚文化具备了文明社会的基本要素，已经进入文明时代。

汪遵国在《良渚文化：东方文明之光》一文中认为良渚文化的水稻栽培，丝绸，制玉等，是形成后来中华文明的重要因素；其宗教信仰与河姆渡、马家浜一脉相承；已有文字，是殷墟甲骨文的渊源之一；并且出现政教合一的王权和早期国家，因此东方文明之光首先出于长江下游，良渚文化已经首先进入文明时代。

陈剩勇在《良渚文化的礼制与中华文明的起源》中认为，中华文明一向称为礼乐文明，礼或礼制是中华文明最具特色、最具实质性意义的内涵，应以此作为文明起源的主要标志。良渚文化中前期社会中的礼制已达到系统化、规范化和制度化，因此可以说：“在良渚文化中前期，也就是距今 5 000 年前后，中华文明已经诞生于长江下游的太湖流域①。”

张学海在《论莫角山古国》一文中以苏秉琦的“古文化古城古国”理论为指导，认为古国是文明形成的标志，莫角山良渚文化聚落群已经形成“都、邑、聚”的金字塔等级结构，是社会等级结构的缩影，集中反映了私有制、阶级和公共权力诸国家社会性质特征的存在，绝不是氏族社会的现象，莫角山已是个古国，良渚文化已进入文明时代。

形成以上诸多争论，主要有两个原因：一是对于文明的标志是什么，即以什么标准来衡量一种文化是否属于文明社会范畴，意见不一致。有人以西方史学界提出的城市、文字、青铜、礼仪中心为标准；有人则认为这种标准在世界文明史上不具备普遍意义，不同类型的文明应有不同的评估标准。在此观点之内，对于中华文明形成的标志大家看法又有不同，有人认为是文字，有人认为是礼制，等等。二是对良渚文化的文物、遗存解释各不相同。例如同是莫角山遗址，有人认为是国家，有人认为不是；对于良渚文化的器物符号，有人认为是文字，有人则持否定态

① 陈剩勇：《良渚文化的礼制与中华文明的起源》，《良渚文化研究——纪念良渚文化发现六十周年国际学术讨论会文集》，科学出版社，1999年。

度。这就造成关于良渚文化是否进入文明社会的结论各不相同。

其实良渚文化到底有没有进入文明社会，只是一个定性问题，不论我们如何界定，各处良渚文化遗址展现出的高度发达的文化业绩是客观存在的。作为长江下游一处耀眼的史前文化，良渚文化无论是在物质领域还是精神领域，都为中华文明的形成与发展做出了重大贡献。良渚文化闪烁着远古先民智慧的光芒，是我国古代文化的一颗璀璨的明珠，也是世界文化之库的一块瑰宝。

（王　妍）

五　龙山文化

龙山文化，泛指中国黄河中、下游地区约当新石器时代晚期的一类文化遗存。因1928年首先发现于山东省章丘县龙山镇城子崖而被命名为“龙山文化”。又因为龙山文化中有精美的黑陶，也有人一度称它为“黑陶文化”。随着研究的深入，过去所被统一命名为龙山文化的遗址，已经被细分为几种考古学文化，但习惯上仍沿用广义的“龙山文化”这一称谓。

（一）分区与类型

1949年以后，大量的发掘和研究表明，原先的所谓龙山文化，其文化系统和来源并不单一，不能把它视为只是一种考古学文化。现在，根据几个地区不同的文化面貌，分别给予文化名称，以资区别。一般的分法是：

1. 山东龙山文化

或称典型龙山文化，即最初由龙山镇定名的那种遗存。其分布以山东地区为主。上承大汶口文化，下续岳石文化。放射性碳素断代并经校正，年代约当公元前 2500—前 2000 年。

2. 庙底沟二期文化

主要分布在豫西地区。由仰韶文化发展而来，属于中原地区早期阶段的龙山文化。放射性碳素断代并经校正，年代约当公元前 2900—前 2800 年。

3. 河南龙山文化

主要分布在豫西、豫北和豫东一带。上承庙底沟二期文化或相当这个时期的遗存，发展为中原地区中国文明初期的青铜文化。放射性碳素断代并经校正，年代约当公元前 2600—前 2000 年。一般还分为王湾三期、后冈二期和造律台三个类型。

4. 陕西龙山文化

或称客省庄二期文化。主要分布在陕西泾河、渭河流域。放射性碳素断代并经校正，年代约当公元前 2300—前 2000 年。

5. 龙山文化陶寺类型

以新发现的山西襄汾陶寺遗址为代表，主要分布在晋西南地区。放射性碳素断代并经校正，年代约当公元前

2500—前 1900 年[①]。

（二）各类型文化概述

1. 山东龙山文化

山东龙山文化，又称“典型龙山文化”，主要分布于黄河下游地区的山东中部、东部和江苏省的淮北地区。年代约当公元前 2500—前 2000 年。它上承大汶口文化，下续岳石文化。目前发掘的主要遗址，有山东章丘县城子崖、潍坊姚官庄、潍县鲁家口、胶县三里河、日照两城镇和东海峪、诸城呈子、泗水尹家城和江苏徐州高皇庙等。

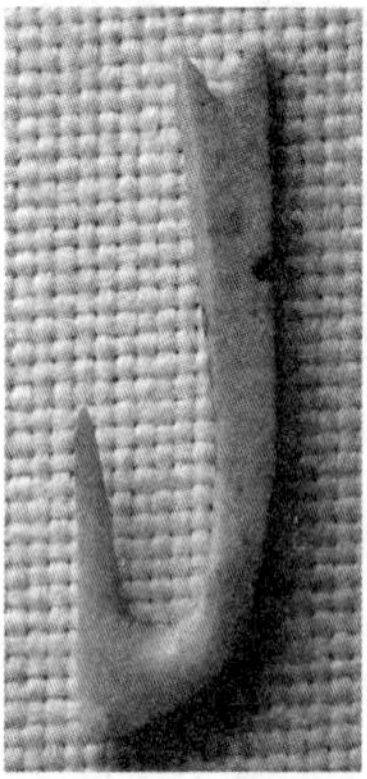

龙山文化骨质鱼钩

（1）文化特征及分期

山东龙山文化以黑色陶器群为显著特征。陶器普遍采用轮制，壁薄而均匀，造型规整。器表多素面磨光，

① 佟柱臣：《龙山文化》，《中国大百科全书·考古学》，中国大百科全书出版社，1986 年，第 290 页；安志敏：《我国新石器时代的仰韶文化和龙山文化》，《历史教学》，1960 年第 8 期；严文明：《龙山文化和龙山时代》，《文物》，1981 年第 6 期；黎家芳、高广仁：《典型龙山文化的来源、发展及社会性质初探》，《文物》，1979 年第 11 期。

常见纹饰有划纹、弦纹、竹节纹等。有人根据东海峪、三里河、呈子的地层和器物形制的演变，把山东龙山文化初步分为早、中、晚三期。

龙山文化彩绘龙纹陶盘

（2）社会经济

山东龙山文化的社会经济，是在大汶口文化晚期的基础上发展起来的，以原始农业为主，兼营家畜饲养及渔猎，并经营各种原始手工业。农业生产工具主要有铲、刀、镰等。以种植粟类旱地作物为主。饲养的家畜有猪、狗、牛、羊等，羊的饲养比大汶口文化有明显的发展。辅助性的渔猎经济仍占一定比重，狩猎的对象主要是鹿类。

龙山文化兽面纹琮

制玉工艺比较突出，发现了一定数量的精美玉器，如扁平穿孔玉铲、阴刻兽面纹玉锛、三牙璧及鸟形、鸟头玉饰等。这些贵重玉器表明当时制玉工艺达到了较高水平，同时说明玉质礼器的生产已专门化。制陶业也十分发达，所生产的器类繁多，器形规整精巧。除突出地存在以鬶为代表的少量白陶外，大量的是磨光发亮的黑陶（如蛋壳黑陶）。它们与贵重玉器一样，是一种显示尊贵身份的礼器，都是在社会上产生阶级分化后为适应某种特殊需要而产生出来的。

金属冶铸业是当时的一项新兴手工业。栖霞杨家圈发现过一件残铜锥，同时出土不少炼铜渣和孔雀石一类的炼铜原料。三里河遗址出土过两件铜锥，但目前仍有疑问。

（3）建筑遗迹

遗址多分布在五陵地带地势高亢的河旁台地上。住房有长方形或圆形半地穴式、圆形地面式和夯土台基地面式三种。

（4）墓地与葬俗

许多遗址中有墓群，应是氏族公共墓地。同一墓地上的墓葬方向一致，但各墓地之间则不尽相同。在部分墓葬中，死者手持獐牙或随葬猪、狗的下颌骨。有枕骨人工变形和拔除门齿的现象，它们都是从大汶口继承而来的风俗。

山东龙山文化与大汶口文化有大体相同的分布范围，两者是山东、苏北地区前后相续的两个不同发展阶段的史前文化遗存。山东龙山文化的后续是岳石文化，但岳石文化与山东龙山文化在文化因素上尚不能紧相衔接，有待新资料的充实和进一步研究。山东龙山文化与西邻的河南龙山文化有密切的交往[①]。

2. 庙底沟二期文化

因1956年发掘于河南陕县庙底沟而得名。主要分布在豫西地区，在河南郑洛地区、晋南和陕西关中地区也都有发现。放射性碳素断代并经校正，年代为公元前2900—前2800年左右。庙底沟二期文化是从仰韶文化到龙山文化过渡阶段的遗存，属于中原地区龙山文化的早期。

龙山文化灰陶筒形罐

（1）文化特征

庙底沟二期文化陶器以夹砂灰陶为主，与仰韶文化多泥质红陶显然不同；虽也有黑陶，但陶胎既厚，数量又不如河南龙山文化那样多。器物上多饰篮纹，与仰韶文化多线纹也互有区别。在器形上，从陶罐到

① 高广仁:《山东龙山文化》,《中国大百科全书·考古学》, 第433—436页。

尖底瓶都承袭了仰韶文化。石器方面，仰韶文化多横剖面为椭圆形的梯形石斧，到了庙底沟二期文化则改进为横剖面呈厚方形的长方形石斧，并且新出现了半月形石刀和石镰。庙底沟二期文化既带着从仰韶文化蜕变而来的痕迹，又出现了仰韶文化所不见的新因素，表明它是一种过渡阶段的遗存。

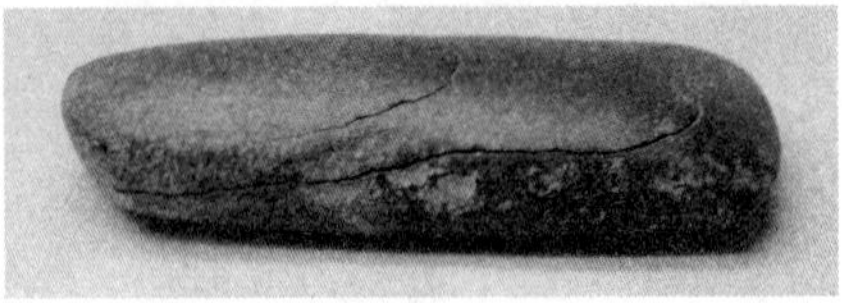

龙山文化石斧

（2）房址和灰坑

在庙底沟遗址发现一座圆形房址，为袋状竖穴；复原后是一座尖锥形屋顶、半地穴式的圆形房子。灰坑有圆形和椭圆形两种。前者口小底大，是主要形式；后者口大底小，数量不多。这些不大的灰坑，多是作储物窖穴用的，但有的灰坑废弃以后也用来埋人。

（3）经济生活

以农业为主。农用石器多采用磨制，规整而锋锐；除仍沿用仰韶文化中习见的打制带缺口石刀外，其他打制工具基本绝迹。石器的种类增多，制作和形制有所改进，它们说明庙底沟二期文化的农业比仰韶文化时有了发展。与此相适应的是家畜的增长，出土了不少猪、狗、山羊、牛、鸡的骨骼，尤以猪骨最多。渔猎经济仍继续存在，出土了许多石、骨、蚌镞等狩猎工具。当时狩猎的主要对象是鹿，还有少量的麋、狐、虎等。黄颡鱼和厚壳蚌则是捕捞和采集的食物。

龙山文化袋足陶斝

随着经济的发展，饮食生活也有了提高。炊器中增加了袋足类的陶斝，改变了仰韶文化仅有实足类陶鼎的情况。特别是高腔圆筒形灶，下部有 1 个火门，上部有 4 个出烟圆孔，炊煮方法也有了改进。还出现了一种内壁有平行沟槽的陶盆，应该是一种磨碎块茎的用器。

（4）墓葬和习俗

庙底沟遗址发现 145 座墓葬，排列比较整齐，均为长方形竖穴墓，都是头南脚北的单人葬。葬式有仰身直肢和屈肢两种，以前者为最多。很少有随葬品，只两座墓各放一件小陶杯。

发现有石璜、石环、陶珠、陶管等佩饰，以及骨笄、骨梳等梳理头发的用具，表明当时人们生活已注意装饰①。

3. 河南龙山文化

主要分布在豫西、豫北和豫东一带。因地域文化面貌的差别，目前一般又分为王湾三期、后冈二期和造律台3个类型。据放射性碳素断代并经校正，年代约为公元前2600—前2000年左右。一般认为，河南龙山文化处于原始社会解体阶段，它上承庙底沟二期文化或相当于这个时期的文化遗存，孕育并最终发展为中国文明初期的青铜文化。

（1）王湾三期类型

因1959年发掘的王湾遗址而得名。有人径直称为王湾类型，也有人把这类遗存细分为王湾类型、煤山类型和三里桥类型三种。主要分布在豫西地区的郑州、洛阳之间和伊河、洛河流域，关中东部也有发现。

王湾文化陶器座

在文化特征上，其陶器以泥质和夹砂深灰陶为主，褐陶、黑陶次之，基本不见红陶。多

① 石兴邦：《庙底沟二期文化》，《中国大百科全书·考古学》，第329—331页；中国科学院考古研究所：《庙底沟与三里桥》，科学出版社，1959年。

饰篮纹、方格纹，也有绳纹。主要采用轮制法。房子既有半地穴式单间的方形、长方形或圆形建筑，又有地面起建的长方形连间房子。

农业较前有进一步的发展。工具种类增加，特别是石镰、石刀、蚌镰、蚌刀等收刈工具之多，说明农作物收获量有了提高。家畜有猪、狗、牛、羊等，尤以猪骨出土为多。鹿和厚壳蚌是狩猎和采集的对象。

鱼头形蚌刀

在一些遗址里发现少量的土坑墓，绝大多数为仰身直肢葬，一般都没有随葬品。在废弃的窖穴中，还经常发现人骨架，人骨散乱不整齐，与正常的埋葬明显不同。这时，包括王湾三期类型在内的整个河南龙山文化，还流行占卜习俗。卜骨以猪、牛、羊、鹿的肩胛骨为材料，通过烧灼，观察兆文以解释吉凶。

（2）后冈二期类型

因 1931 年发掘的安阳后冈遗址而得名。主要分布在豫北和冀南一带。重要遗址有河北磁县下潘汪、邯郸龟台和涧沟、永年台口，河南安阳后冈、大寨和八里庄以及汤阴白营等。

陶器以灰陶为主，以绳纹最多，篮纹次之，还有少量方格纹等。这与王湾三期类型以篮纹为多颇有差异。常见器形有鼎、甗、单把鬲等。生产工具中，有较多的长方形蚌镰、石刀和少量细石器。

后冈遗址发现了许多圆形白灰面房址，下潘汪也有一座半地穴式呈“8”字形的双间白灰面房址。在白营遗址则发现了典型的聚落基址，共有房子 60 多座，其中晚期的 46 座分布集中，东西成排，南北成行，门大部朝南。绝大多数为圆形、单间的地面建筑。地基经过打夯，地面普遍涂抹白灰，墙壁为木骨草拌泥或直接用草拌泥垒成。

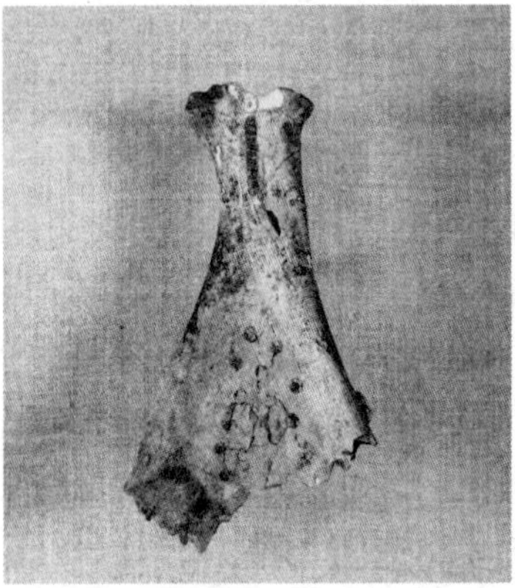

后岗文化出土的卜骨

生产活动以农业为主。以白营遗址为例，主要工具有穿孔或无孔石铲、骨铲、石镰、石刀、蚌刀、石镞等，无论种类和数量，都较前增加。家畜有牛、羊、猪、狗等，可能还有马和家猫。大家畜的出现，在家畜饲养史上是一个很大的进步。这时渔猎采集经济还继续发挥着作用。另外还发现了窑址，窑址附近有两眼水井，可能与制陶有关。

在涧沟的一座房基内发现人头骨4具，遗留砍伤痕迹和刻道，有人认为是砍死后又经剥皮的。还在废弃的水井和圆坑里发现杂乱埋葬的多具人骨，或身首分离，或作挣扎状。有人认为这些现象可能是当时社会上存在对立、争斗的反映。

（3）造律台类型

因1936年发掘的河南永城造律台遗址得名。也有主张以1977年发掘的永城王油坊遗址为代表，称王油坊类型。主要分布在豫西、鲁东南黄河南岸沉积平坦的南北狭长地带。其代表遗址，南边有河南的沈丘乳香寺，淮阳平粮台，永城黑堌堆、造律台、王油坊，商丘坞墙；中间有山东曹县莘家集；北边有山东梁山青堌堆等。

造律台类型以轮制灰陶为主，手制陶已很少见。纹饰以篮纹、方格纹为多，绳纹较少。常见袋足甗、三角形扁足鼎、盆形甑等。

房址分圆形和方形两种。青堌堆发现半地穴式圆角方

龙山文化炊器：鼎

形白灰面建筑。黑堌堆、王油坊则多地面建筑。

造律台类型中的农业工具有石铲、石镰、石刀、蚌铲等，无论种类和数量都较丰富，标志着农业的发展。生活用具方面，炊器有鼎、甗、甑等，食器有盘、钵、碗、豆，储存器有罐、瓮，还有很少的酒器觚。

总之，河南龙山文化的三个类型，虽然具有不少共性，但各自的特征鲜明。今后随着发掘工作的展开和研究工作的不断深入，各个类型均有独立成为考古学文化的可能①。

4. 陕西龙山文化

1956年，陕西龙山文化从笼统的龙山文化中区分出来予以命名。又因最初（1955年）发现于陕西省西安市客省庄，也称客省庄二期文化，或客省庄文化。主要分布于泾

① 石兴邦：《河南龙山文化》，《中国大百科全书·考古学》，第191—193页；李仰松：《从河南龙山文化的几个类型谈夏文化的若干问题》，《中国考古学会第一次年会论文集》，文物出版社，1980年。

河、渭河流域。据放射性碳素断定并经校正，年代约为公元前 2300—前 2000 年。

最能反映陕西龙山文化特征的是陶器。主要是灰陶，多为泥质，有大量篮纹、绳纹。用内模制造陶器袋足的方法，目前仅见于陕西龙山文化。客省庄、双庵遗址均发现有陶窑。

所发现的房址，在客省庄遗址有 10 座，双庵遗址有 11 座，赵家来遗址有 12 座，都是半地穴式建筑，分单室和内外双室两类，居住面有硬土面和白灰面两种。在赵家来遗址发现了版筑夯土墙遗迹。

农业工具约占全部工具的三分之一，证明农业已成为当时主要的经济部门。农业工具有石斧、骨铲、陶刀等。家畜饲养也比较兴旺，出土有狗、猪、羊、牛的遗骸。渔猎经济仍占有一定地位，獐、野兔和螺是狩猎和采集的对象。

还发现有卜骨，系用羊的肩胛骨，不加修治，只在骨脊中间的平面上进行烧灼，烧痕从两个至十几个不等，没有一定的数量和排列规律，是当时原始信仰的遗物①。

---

① 佟柱臣:《陕西龙山文化》,《中国大百科全书 · 考古学》, 第436—437页。

5. 龙山文化陶寺类型

以山西省襄汾县陶寺村南的陶寺遗址为代表。据放射性碳素断定并经校正，年代约为公元前 2500—前 1900 年。陶寺类型遗存目前被分为早、中、晚三期。

在陶寺类型居住遗址中发现了很多小型房址，周围有道路、水井、陶窑和较密集的灰坑。房址分地面、半地穴式和窑洞三种，以后两种居多。半地穴式房基平面多作圆角方形，少数呈圆形。居住面中央每见柱洞和灶坑。墙面上往往有或大或小的壁龛。

龙山文化陶寺类型居民的部落公共墓地，在居住地的东南，面积 3 万平方米以上。它的使用时间，大致同居住地相始终。发现墓葬 1 000 余座，都是长方形土坑竖穴墓，除很少的二次葬、屈肢葬和个别俯身葬外，一般是成人的仰身直肢单人葬，头向东南，排列整齐。不同的氏族葬区在墓葬规模和坑位密度等方面，存在着差异。墓的规模，大致可以划分为大、中、小三类。小型墓大多没有木质葬具和随葬品，这类墓约占墓葬总数的 90%。

遗址出土的陶寺类型的生产工具和武器，有石制的斧、锛、凿、铲、刀、镞，骨质的铲、锥、镞，陶纺轮的制陶用具陶拍、陶垫等。日用陶器以夹砂灰陶和泥质灰陶为主，也有夹砂褐陶、泥质褐陶和泥质黑陶。多饰绳纹，晚期又常在泥质陶的盆、罐上拍印篮纹，还有少量附加堆纹、方格纹等。

陶寺文化出土的彩绘龙纹陶盘

大型墓出土的彩绘木器，构成陶寺类型文化的另一特色。陶寺遗址已经出现铜器。1983 年，在一座规模不大的墓中，发现一件铃形小型铜器，这是一件红铜铸造器，含铜量为 97.8%。这件铜器的出土，为探讨中国早期铜器的冶铸提供了又一证据。

陶寺遗址出土的狗下颌

陶寺类型的龙山文化先民，过着长期定居的农业生活，掌握了较高的建筑和凿井技术，有发达的农业和畜牧业。饲养的家畜有猪、狗、牛、羊等，以猪为最多，盛行用整猪或猪下颌骨随葬便是明证。制陶、制石、制骨等传统手工业已从农业中分离出来，还产生了木工，彩绘髹饰，玉、石器镶嵌和冶金等新的手工门类。

陶寺遗址出土的三联玉璧

生产的多样化和专门化，使社会产品空前丰富。

陶寺墓地各类墓“金字塔式”的比例关系，应是当时社会结构的反映。由此推断，当时已经出现了阶级。目前，一种意见认为，陶寺早期处于国家产生的前夜，即原始社会末期军事民主主义阶段；另一种意见倾向于认为，陶寺早期已产生国家或国家雏形。

陶寺文化出土的礼乐器物

根据古史传说，晋西南素有“夏墟”之称（如《左传》定公四年）。从遗址年代、地望、生产力水平和社会发展阶段以及龙盘所提供的族属信息诸方面，许多人认为，陶寺遗址以及主要分布在晋西南汾、浍流域的陶寺类型龙山文化，很可能就是夏人的遗存；但也有人认为，陶寺遗址很可能是陶唐氏的文化遗存[①]。由于缺乏文

① 王文清:《陶寺遗存可能是陶唐氏文化遗存》,《华夏文明》(Ⅰ), 北京大学出版社, 1987 年。

字一类的确凿证据，目前这还只能是一种假说。但陶寺遗址所代表的这一支具有鲜明特征的文化遗存，无疑已成为“探索夏文化”的重要研究对象之一[①]。

（彭　华）

① 高炜：《陶寺遗址》，《中国大百科全书·考古学》，第520—521页。

六　上海文化探源

上海，是我国最大的经济中心，也是具有广泛影响的国际大都市，她像一颗灿烂的明珠，镶嵌在祖国的东海之滨。随着改革开放的不断深化，世人对上海的兴趣越来越浓，探究上海文化之源成了人们议论的重要话题。

“上海”一名，最早始见于《宋会要辑稿》，至于它的由来，主要有三种不同的说法：第一说是古人认为上海“地居海之上洋”，故名上海，所以，今人也有称上海为“海上”的；第二说是上海地区旧有华亭海之名，在青龙港湮塞后，中外商船都转至此地登岸，故称上海；第三说是根据郏亶《水利志》，说淞江之南有大浦十八（十八条支流），其中有上海浦和下海浦两条支流。今黄浦奄有上海浦，故得名上海。北宋设立的上海务和南宋咸淳初年设立的上海镇，其所在地均在上海浦附近。由此看来，上海之名源于上海浦似乎更为合理些。

上海浦东

十里洋场——上海影视乐园

说起上海的历史，人们立即想到的是“十里洋场”“冒险家的乐园”“灯红酒绿的夜生活”，这是因为鸦片战争西方殖民主义者用炮舰打开中国大门后，上海作为《南京条约》五个通商口岸之一，在中国近代史上扮演文明窗口的角色，成为中西方文化冲突、交融之地；再早一些，唐朝设华亭县，其辖境包括今上海；更早一些，春秋吴王寿梦“筑华亭于其国之东，松江之南，以为停留宿会之处”①。然而这些都不能算作上海文化的源头，上海文化之源要到6 000年前的悠悠岁月中寻找。

（一）上海——漫漫六千年沧桑

浩荡东去的长江，如同黄河一样，也是中华民族的摇篮。考古资料证明：至少在4万年以前，长江中下游地区，就留下了先人闪光的足迹。考古工作者在安徽和县、巢县，江苏汤山、泗洪，浙江建德等地，先后发现了与“北京猿人”“山顶洞人”同时代的人类化石和生活遗迹。至于近万年以来的新石器时代的文化遗址，更是屡屡发现。

---

① 嘉庆《松江府志 · 名迹志》，转引自王育民《中国历史地理概论》，第674页，人民教育出版社，1985年。

大约在6 000年以前，现今上海地区的西部已经在海浸海退的过程中渐次成陆，形成了一条古海岸线——“冈身”。这条冈身的边缘，北起今江苏的太仓、嘉定的娄塘，经过嘉定城中、南翔、上海县的马桥，南抵奉贤的柘林一线。冈身地带土质较粗，地势高爽，为最早的上海人提供了一个安全而优越的定居场所。考古学者在这条冈身以西，先后发现距今6 000—4 000年左右之间的古人类文化遗址十多处。其中青浦县崧泽村发现的崧泽遗址，时间跨度长，地层叠压关系清楚，出土文物也相当丰富，可谓探究上海人和上海文化的最早而又最具典型的权威性遗址。

崧泽遗址博物馆

分布在江浙沪地区的马家浜文化与上海文化的关系十分密切，其因浙江嘉兴马家浜遗址而得名，主要分布在长江下游的太湖地区，南由浙江的钱塘江北岸，北到江苏常州金坛一带，年代为距今 7 000—6 000 年左右。而以青浦崧泽遗址命名的崧泽文化，则是上承马家浜文化，下续良渚文化的一种具有明显地方特征的独立文化。青浦崧泽遗址的最下层，正是马家浜文化的晚期文化，不仅上下叠压关系明确，而且文化内涵也清楚地反映出两者的渐变进化痕迹。崧泽文化层本身，又可分为三个时期。就其墓葬所体现的特征来看：初期明显地具有外来居民的特征，墓葬中人头多朝北，与马家浜文化的葬制相类似；到了中、晚期，墓葬的头向都朝南了，这是明显的本土文化的特征；

崧泽文化出土的黑陶

崧泽遗址出土的三口器

而且其晚期又明显地反映出朝良渚文化演进的趋势。

崧泽遗址陶器

然则，我们能否说上海的文化起源就只是马家浜文化—崧泽文化—良渚文化这个考古文化发展序列的一脉相承？位于浙江宁绍平原东部地区的河姆渡文化遗址，也为探寻崧泽文化的来龙去脉提供了有说服力的参照物。河姆渡文化所跨年代距今约 7 000—5 500 年左右，其文化层出土的豆把镂孔装饰，杯、壶、石锛等器物，以及仰身直肢葬式，地面建筑居住形式，乃至陶器的质料、烧成温度等等，均与崧泽遗址中层以及也属崧泽文化的邱城遗址中层所见相同。尤其是在河姆渡遗址还发现了一死者头部倒扣一只带有神秘图像的陶豆，其图像与崧泽中层盘形豆所刻图像接近，而且也和

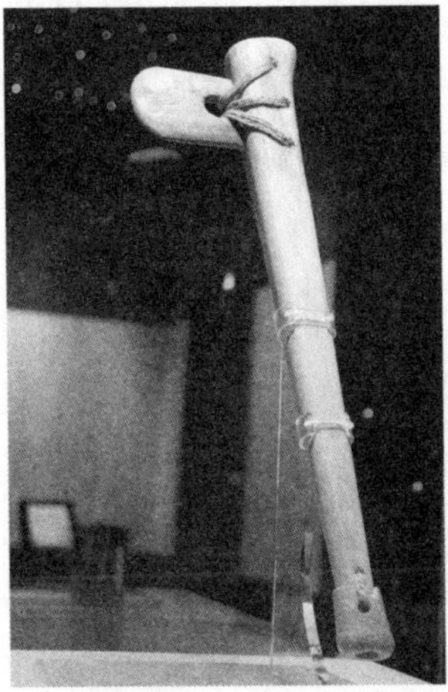

崧泽遗址出土的石斧

草鞋山、圩墩等处用红陶钵倒扣在人头部的葬俗相同。由此可见，上海地区的文化起源与宁绍平原有着密不可分的联系。根据对河姆渡遗址及其后的良渚文化之间的内涵相同或年代相当的遗址、遗存的分布范围的调查，它们所在的地理环境大都处于丘陵山地与湖沼平原交界地带，往往背山临水或面向沼泽与江流，有一定的规律可循。这与上海地区处于长江三角洲前缘、“濒海重地”的地理状况相吻合。另外，在崧泽遗址、草鞋山遗址都有与仰韶文化庙底沟类型接近的圆点弧线三角纹白衣黑彩陶片发现，这些考古发现使得上海地区古代文化的起源显得不是那么单一。

崧泽遗址出土的三角纹陶器

上海由于其独特的地理位置，自古以来就是一个兼收并蓄、五方杂处的地区。上海本土最早的崧泽文化也是受到了马家浜文化、河姆渡文化以及黄河流域文化传播的影响，结合上海地区的特点，从而形成了上海地区本土文化的起源。

据测定，崧泽文化距今约为 5 900—4 900 年，在太湖流域都有类似文化的分布。在上海地区，除崧泽遗址以外，还有福泉山、寺前村、金山坟、汤庙村、姚家园、北干山等多处遗址。据此，我们可以说早在距今 6 000 年前，上海人的祖先已在上海定居，其“居民点”就是崧泽遗址所在地——崧泽村。或者说，现今青浦区的崧泽村，就是上海人的故乡和“摇篮”。

丰富的上海文化是上海先民智慧与汗水的结晶，根据考古发掘资料，文献和传说资料以及民间风俗，我们不妨从物质与精神生活两个方面来对原始时期的上海文化作些描述。

（二）先民的主业——植稻和捕鱼

与大自然搏斗的上海先民们跋涉于坎坷的生活之路，他们以稻谷和鱼蚶，作为自己果腹的主要食物。

根据上海及其周边邻近地区的古文化遗迹来看，早在 7 000 年以前，人们已掌握了水稻的种植技术，并且有了粳稻与籼稻两个品种之区别。这可以从河姆渡文化和马家浜文化的许多遗址中找到证据。在崧泽遗址下层（属马家浜文化晚期）一废弃地窖中也发现有碳化了的水稻粒，这些“稻谷有粗壮的粳稻和瘦长的籼稻之分。谷壳脉纹明晰可辨”[①]。继后的崧泽文化遗址中，这种人工栽培稻更是屡见不鲜。如在许多崧泽文化遗址中，还发现已使用稻草和谷壳作为和料制作陶器；在各类生活用具中还出现了淘米用的陶澄滤器。

崧泽文化——上海第一村

当时的“上海人”，选择地势高爽的土墩作为居住点（其前身可能是近海的沙洲）。这些土墩周围林木繁茂，河流清澈，是先民们理想的家园。他们用树干、芦苇、茅草

① 朱习理:《崧泽文化》，第46页，上海人民出版社，1992年。

崧泽文化出土的陶纺轮

等材料搭建住房，安下家室，便砍伐小树灌木，烧掉杂草树叶，播种由祖地带来的稻谷等植物种子，开始了上海最早的垦荒生活。在那遥远的洪荒岁月，先民们披星戴月、日复一日地使用笨重的石器工具，刀耕火种。播种后，他们怀着春华秋实的美梦，祈求上苍风调雨顺。

崧泽文化出土的陶网坠

居住在土墩上的先民们，在从事农业生产的同时，还兼营捕鱼和狩猎。当时的上海，水网交错，芦荡茂密，气候温暖，很适合各种动植物的生存，尤其是鱼类资源十分丰富。先人们用兽骨石片磨成尖状器，然后绑在木杆上或竹竿上制成渔叉；在有些鱼类丰富的河塘里，他们干脆直接用手捉或用石块砸；而更多的则是使用渔网去捕捞。因渔网易于腐烂，我们今天已看不到实物，但在崧泽文化的古遗址中，均发现了捕鱼的网坠，织网用的靴形器，捻线的陶纺轮等与渔网有关的工具。另外还有狩猎用的箭镞、石刀、骨锥、牙刀等遗物。遗址中出土的大量梅花鹿、四不像、獾、水獭、獐、龟、鳖、鱼等动物骨骼遗骸，也向我们展示了史前上海人在渔猎活动中的确是颇有收获的。值得重视的是，崧泽人还掌握了猪和狗的饲养技术，其时，饲养家猪为肉食，已很普遍了。

崧泽文化所反映的农业渔猎和家畜饲养，为我们勾勒出一幅史前上海人的食物来源和结构图，而大量各种质地的生活生产用具和用途各异、组合有序的各类陶器，则从另一个侧面再现了史前上海人的生活场景：众多的骨、角、玉、石、陶制品，本身就是生产技术水平的最好证明，而陶器中鼎、豆、罐、壶的组合和独特造型，则标志着崧泽文化是有别于其他文化类型的一个独立文化阶段①。有趣的是，在炊具中的釜其形状就可分为直筒腹、斜直腹、扁球腹、圆球腹等四种；还有用于蒸煮食物的甗，腰腹处里

① 朱习理：《崧泽文化》，第 58 页，上海人民出版社，1992 年。

面突起可按放箅子，从一个侧面反映了当时食物加工的水平。

崧泽文化出土的陶仓

在众多陶器中，最常用的是鼎。当时上海人已经在室外挖有炊煮用的灶坑，他们把鼎放在灶坑上，架火烧煮食物。这种鼎犹如一口大锅，但有三条腿，有的鼎上面还有一只漂亮的盖子，好似今天的锅盖。在距今 4 000 年的福泉山遗址，出土了一件国内罕见的圆形大陶鼎，它的直径就有 45 厘米，其容量告诉后人，那时经常在一起就餐的人起码有十几个，也许是某个大家庭的遗物。从鼎、窑之类的炊具来看，先人们多是烧煮一些稀饭之类的食物，他们是否会烧米饭，还是一个有待探索的谜。此外，他们还将鱼肉熏烤而成美味佳肴。

崧泽文化出土的足鼎

（三）先民的精神生活——凤鸟崇拜和精美玉器

在原始时代由于科学极不发达，人们对自身的由来以及日常生活中遇到的种种自然现象，既感到好奇、恐惧又无法找到答案。于是，产生了一种神秘的、对某种动植物或自然现象的崇拜，这就是我们通常所说的“图腾崇拜”。

新石器时代各氏族集团的图腾，都是与人们的切身利益有关的，以日常生活中的某种具体事物为代表，如鱼、鸟、蛇、蛙、熊、日、月、山、水、植物等。在长江流域的许多新石器时代的遗址中，出土了不少有鸟类形象的实物，鸟渐渐的演变为凤，先民以凤作为图腾流行，距今约5 000年。

先民们对世界充满迷幻，他们向被抽象和神化了的龙和凤顶礼膜拜，自觉地融入那神秘的光圈。

根据专家们研究：龙最初是黄河流域的崇拜物，而凤则最初是长江流域的崇拜物。它们都是客观世界不存在的神化了的动物。而地处长江下游的上海人，在原始时代也是崇拜凤鸟的。我们之所以称之为凤鸟，而不是直接称为凤或鸟，就是因为它们当时的形象既像鸟，又有点像后来的凤，即比一般常见的鸟更华丽，较有代表性的就是河姆渡文化中的“双凤朝阳”牙雕图案。在上海的马桥、亭林、福泉山等许多古文化遗址，几乎都发现了刻画在陶器上的凤鸟图案。尤为引人注目的是在福泉山出土的一件玉琮上，镌刻有16只展翅欲飞的凤鸟，羽毛丰满，眼睛、翅膀、尖喙刻纹极为纤细精美。

作为一种传统习惯，凤鸟数千年来一直是备受人们青睐的吉祥之物。无论是原始社会的工艺品、生活用具，还是文明社会的宗教礼器、青铜器用具，凤、鸟图案始终是这一地区占主要地位的形象。甚至于流行全国的青铜器铭文在长江中下游地区也多以细长秀丽的“鸟篆”文出现，凤鸟在人们心目中的地位之高，由此可见一斑。即使在以龙为标志的中原地区作为中国的统治中心的时代，凤的图像仍是长江中下游地区的主要吉祥物。相反，在中原地区商周青铜器上盛行的饕餮纹，很大程度上是受了长江下游良渚文化时期玉雕图案的影响。

西汉错金银鸟篆文青铜壶

与其他地区相比，上海史前文化中还有一个明显的特征，即玉器非常精美发达。在上海的史前文化遗址中，出土了众多的古玉器。这些玉器，不仅数量大、种类多，而且制作精美。

崧泽文化出土的玉钺

上海出土的史前玉器，确实是美不胜收：有宗教祭祀用的璧、琮；有用玉珠、玉锥、玉管、玉坠、玉环等串联而成的金玉项链。这种玉项链，仅在青浦的福泉山遗址就发现了三串，就年代而言，这可是中国最早的玉质项链。玉带钩是我国古代的服饰用具，史书记载它最早出现于商周，可是福泉山一座墓葬的人骨架下腹部，就发现了一件扁方形玉带钩，这一方面说明，先人已将玉饰品用于服饰；另一方面，也反映了4 000年前上海人的装束已趋向复杂化。

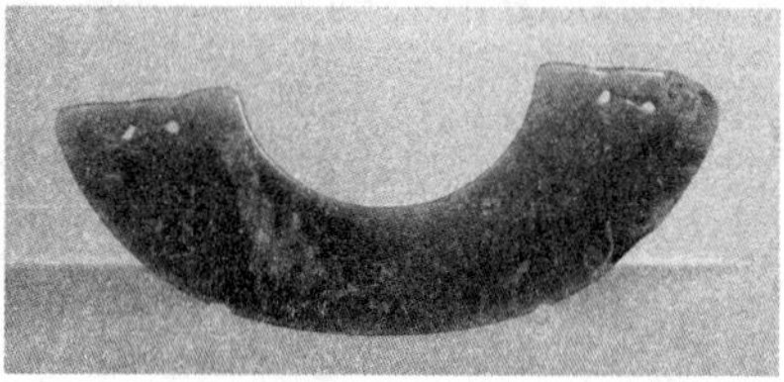

崧泽文化出土的玉璜

玉器中还有大量的头饰佩件等不知名的器物，数量和质量都前所未见。许多玉器上，均镌刻了纤细精巧的图案，某些部位在1毫米宽的范围内，竟然刻了四五条细线，堪称绝技。据专家试验，用鲨鱼的牙齿可以刻玉，倘若先民们果真以此创作史前艺术品，那么，他们不仅具有捕鲨的勇气，而且具有超人的灵气。我们的祖先，早在人类历史的童年时代，就焕发出描绘力和美的蓬勃朝气，这种敢于冒险和创造的精神，是我们要继承的精神遗产。

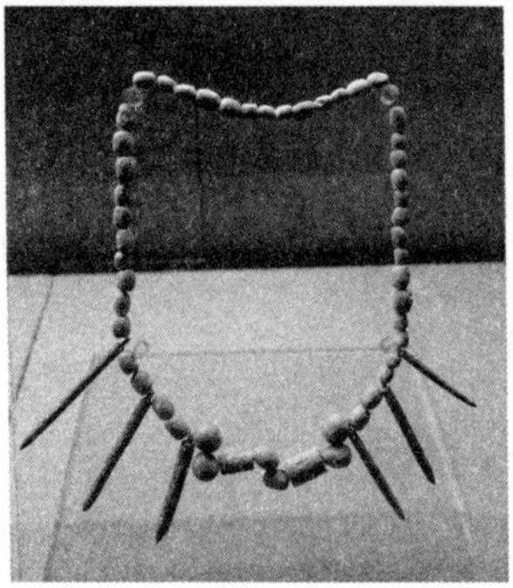

玉项饰

马首云纹玉带钩

凤鸟崇拜和精美玉器，从一个侧面反映了史前“上海人”精神生活。他们有自己的信仰崇拜，有自己的审美视角，也有自己的追求和寄托，要不他们怎会创造出如此众多而又并非生活必需的精美玉器呢？

崧泽文化，即由崧泽人及其周围的史前上海人所创造的具有本土特色的物质文化和精神文化，构成了上海文化之源头，为我们展现了一幅史前“上海人”的生活画面。

（王　妍）